# 一本书玩转社群营销

凯琳 ◎ 编著

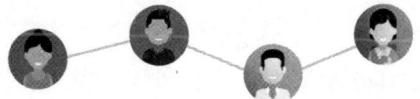

华文出版社
SINO-CULTURE PRESS

图书在版编目（CIP）数据

一本书玩转社群营销/凯琳编著. -- 北京：华文出版社，2019.4

ISBN 978-7-5075-5061-0

Ⅰ.①一… Ⅱ.①凯… Ⅲ.①网络营销 Ⅳ.①F713.365.2

中国版本图书馆CIP数据核字（2019）第023237号

## 一本书玩转社群营销
### YI BEN SHU WANZHUAN SHEQUN YINGXIAO

| | |
|---|---|
| 著　　者： | 凯　琳 |
| 出版策划： | 兴盛乐 |
| 责任编辑： | 张　轶 |
| 出版发行： | 华文出版社 |
| 社　　址： | 北京市西城区广安门外大街305号8区2号楼 |
| 邮政编码： | 100055 |
| 网　　址： | http://www.hwcbs.com.cn |
| 电　　话： | 总编室 010-58336239　　发行部 010-58336267　58336238 |
| | 责任编辑 010-58336195 |
| 经　　销： | 新华书店 |
| 印　　刷： | 固安县保利达印务有限公司 |
| 开　　本： | 710×960　1/16 |
| 印　　张： | 15.5 |
| 字　　数： | 223千字 |
| 版　　次： | 2019年4月第1版 |
| 印　　次： | 2019年4月第1次印刷 |
| 书　　号： | ISBN 978-7-5075-5061-0 |
| 定　　价： | 49.80元 |

版权所有　侵权必究

# 前言

近年来，随着互联网的飞速发展并逐渐壮大，社群经济应运而生。社群的崛起极大地改变了现有的商业模式，与此同时，一些微商、"网红"、社交电商等新兴模式更将社群凸显到极为重要的位置。

纵观现在的社群，可谓百花齐放、"百群争鸣"，你方唱罢我登场。无数事实证明：社群的崛起能令坐拥百万社群用户的"网红"的商业价值堪比一家中小型企业；而坐拥精准社群用户的企业则能依此而轻松占据一方市场，赢得可观的利润。因此，如何玩转社群营销，如何获得海量用户和粉丝，对创业者和微商从业者都至关重要。

《一本书玩转社群营销》从人性的本源和商业的本质入手，深入挖掘社群中蕴藏的巨大势能，并详细讲解了如何在社群营销中有效地利用这种势能，为自身赢得可观的利润回报。同时，这也是一部关于社群营销与运营的实战手册，内容涉及电商引流、用户运营、活动策划、内容运营、品牌塑造、如何产生社群裂变式效应并引来滚滚利润，等等。

这更是一部教你如何在社群的基础上玩转社群营销的实战书籍。书中摒弃了枯燥的理论，更加注重实际应用性，图文并茂地详细讲解了社群构建的基础、社群思维方法、场景+社群的高效裂变、如何引爆社群裂变、如何掌控大数据并通过大数据疯狂吸金，等等。不仅教你如何在短时间内吸引大量的粉丝、用户，还为你量身定做进行社群构建并长盛不衰的方法。书的内容抛却枯燥的理论说教，辅以大量的成功案例，可谓干货满满，在形式上更加直观形象，在内容上更加丰富多彩。

《一本书玩转社群营销》从多个角度探析了社群营销的内涵以及达成技巧。本书案例丰富，选取了丰富的一线企业管理经验，以及作者在长期实践工作中的真实案例，深入浅出，给读者带来轻松愉悦的阅读感受。

本书堪称企业决策者、职业经理人和创业者的必读书籍，亦可以作为高等院校企业管理相关专业的参考用书，更可以为发展遇到瓶颈的企业经营决策者提供有效的参考和借鉴。

相信本书能够帮助更多的创业者、社交电商从业者、企业等抓住社群粉丝经济的机遇，轻松玩转社群营销，并实现快速盈利！

# 目录

## 第一章 社群火了，为什么是现在？

逐浪而行，移动互联网带来的传播新变革 / 3

人以群分，"社群是互联网送来的最好服务" / 6

站在风口，社群时代崛起的社群经济 / 9

社群裂变，快速点燃信息的动力引擎 / 12

## 第二章 从社群思维出发，让社群与商业相遇

打破信息孤岛，建立最快捷的传播渠道 / 17

从0到1，五步构建一个社群 / 19

落实社群价值观，聚拢人气与共鸣 / 22

设置门槛，制定社群规则 / 24

裂变的基础：吸收高质量种子用户 / 28

小伙伴们一起玩，形成社群推广矩阵 / 31

## 第三章 场景+社群：高效率的裂变运营

场景的魔力，让信息迅速扩散 / 37

上个头条咋那么难：选对时间场景，获取有效注意力 / 40

给顾客"市长"待遇：利用独特场景，引发社群参与 / 42

情绪也是一种场景，裂变传播的感性密码 / 45

因势利导，在日常场景中挖掘商业机会 / 47

因地制宜，巧用地点场景实现用户爆发式增长 / 50

搭建文化场景，传播商业信息 / 52

## 第四章　裂变是果，内容是根

内容为王的时代再次来临 / 57

有态度的内容，聚合价值观相同的人 / 60

内容营销，规划比生产更重要 / 62

做用户想要的内容才能扩大影响力 / 65

选好标题，读标题的人比读内容的人多四倍 / 67

稳定而持续的输出：王者的必经之路 / 70

让内容多飞一会儿：社群传播的长尾效应 / 73

## 第五章　引爆社群裂变的大众传播法则

解构社群传播：社群的五大构成元素 / 79

倒金字塔法则：颠覆传统的分裂式传播 / 83

长尾效应："俘获小众中的大众" / 85

打造爆品，做人群中的魔术师 / 88

"互联网+"模式，免费并不等于"零消费" / 90

吐槽的威力：大众也能成为信息传播的主导 / 93

## 第六章　病毒式传播：社群裂变的杰作

设置病毒传播机制，将用户卷入病毒旋涡 / 99

撬动中心节点，引发雪崩效应 / 102

用心设计"病原体"，获得口碑扩散 / 104

精准定位，你的病毒让谁感染 / 107

娱乐，常常带来惊喜的"病毒"引爆点 / 110

魔性互动，让用户深度参与 / 112

打"感情牌"屡试不爽 / 115

深度挖掘，推动连锁反应 / 118

## 第七章 "另类侠"大数据：深度洞悉才能成功裂变

大数据让传播更有针对性 / 125

大数据让你预知未来 / 128

与数据共舞，创意百变 / 131

天下武功，唯快不破 / 133

数据无限，机会无限 / 135

## 第八章 粉丝裂变，从粉丝兵团到价值用户

未来的品牌没有粉丝迟早会死 / 141

马太效应：粉丝越多，成本越低 / 144

脸书的10亿用户值900亿美金 / 147

最高级的营销模式，免费雇用你的用户 / 149

企业社群是用户部落化的家 / 152

分工明确：不同的社群渠道有不同的功能 / 155

## 第九章 规模裂变：从小社群到大社群的华丽转身

扩大规模的两大要点 / 159

从小到大要避免"掉坑" / 161

裂变的保障：一个高效的线上运营团队 / 164

发展壮大：必须构建社群组织架构 / 168

保持社群活跃度：连接越多，关系越紧密 / 170

产品化：没有产品的社群很难度过"蜜月期" / 174

品牌化：让社群和用户一路走下去 / 176

## 第十章 社群落地：从线上到线下的复制裂变

打通线上线下，增大社群能量 / 181

复制活动经验，拓宽社群空间 / 183

吸引牛人大咖，实现优质合作 / 187

打造人才梯队，储备社群人才 / 190

整合线下内容，引爆线上传播 / 193

## 第十一章 变现之路：从社群到社群经济

打破瓶颈，把兴趣社群导入商业模式 / 199

提高价值，运营付费社群 / 201

意见领袖：激发社群战斗力爆表 / 204

蚂蚁压阵："一群人团结起来占其他人便宜" / 206

攻城略地：发动高手实现收益 / 208

悬赏策略：最低成本获得超性价比回报 / 210

干货满满：通过高价值载体吸引购买 / 212

跨界营销：强强联合扩大能量 / 215

## 第十二章 外延思考：成功社群样本解密

罗辑思维：让用户成为商业节点，养成付费模式 / 221

黑马社群：让用户合作与互助，保持旺盛生命力 / 224

大V店：让用户赚钱，从共享中互利 / 227

十点读书会：线上线下风生水起 / 230

新生大学：价格双轨，把一本书做成社群 / 233

秋叶PPT：群殴PPT，销量高歌猛进 / 234

趁早社区：聚焦女性，围绕内容做社会化营销 / 237

# 第一章 社群火了,为什么是现在?

## ※ 逐浪而行，移动互联网带来的传播新变革

"罗辑思维"的罗振宇说过这样一段话："这个世界正在飞速逃离你的理解范围。互联网刚起来的时候，我们形成了一个错误的认知——世界会是平的。我们以为互联网作为一种全新的交流工具，会把整个社会像一碗鸡蛋一样，慢慢地越搅越匀，大家会共享信息、价值观、观念和认知。但是十几年过去，我们发现，世界是碎的。"

确实，十多年前，竞争战略之父托马斯·弗里德曼就说世界是平的了，然后互联网来了，移动互联网来了，社会化媒体来了，大数据来了……于是，在移动互联网时代，每个人都有了多多少少的、真正意义上的碎片化人格。

身处这个时代，我们每个人都会有一种体会，移动终端把一切碎片时间都收集了起来，但它也把完整的时间都切割成了碎片。架构在移动互联网上的各种互动平台，让每个人都能够成为自己世界的中心，同时在这种多元化、部落化的网络环境中，时间和精力被人为地分配到更多的事情上，这就是碎片化。

这种碎片化的表现形式，除了时间的碎片化，还有渠道的碎片化。移动互联网把渠道变得更细、更多，为人们创造出更多的服务模式和商业模式，渠道和大众需求之间形成了良好的循环，渠道的碎片化便一发不可收拾。

时间和渠道的碎片化必将导致信息碎片化，信息的碎片化改变了大众的生活，自然也引发了商业的改变——商业总是随着生活的变化而变化的。走在变化最前沿的商业元素就是传播，传播是信息扩散的方式，信息量的海量增加、信息的碎片化，必然导致传播方式发生颠覆性的改变，传播渠道、传播方法、传播法则、传播模式等都将与传统传播方式产生巨大的差异。

传统的信息传播，是尽量利用各种渠道，运用各种方式，将信息扩散给社会大众，进而达到说服大众进行商业活动的目的。这种商业传播的目的并不是扩散，而是说服，大规模的扩散只是为商业传播构建基础，说服率的高低才是传播成功与否的衡量标准。

举个例子，一个广告，即使全中国十几亿人都耳熟能详，但却只让寥寥几千人购买产品，远远低于预期，那么这个传播就不能够说是成功的。而一个广告，即便只在一个小县城里传播，但半个县城的人都买了广告宣传的东西，那么这个传播就可以说取得了很大的成功。

传统传播模式下，一个信息扩散开来很不容易，能够实现说服就更难。在互联网时代，情况有了一些变化，总的来说，信息传播的难度降低了，但说服的效率却往往更低。

出现这种状况，一方面是因为信息量的增加，信息同质化严重，受众产生了麻木心理，想让一条信息从信息的汪洋大海中引人注目是很难的；另一方面的原因则是因为信息的受众改变了，互联网时代的受众，每天都要面对很多选择，各种人内心的情感倾向几乎都能够得到满足，受众对于信息的取舍更加随意化、主观化，对于信息的反馈也更加具有个人色彩，这就导致信息传播方式必须有所改变，必须在充分研究信息受众的前提下，完全围绕受众展开信息传播。

社群传播，就是一种完全由用户主导的传播形态。信息传播者与接受者的关系，由单向的信息逐渐传递，再过渡到双向的价值协同，在社群中，互动即传播。

阿里巴巴集团的CEO张勇说过一句话："商业正从物以类聚走向人以群分。"借力移动互联网，社群成为信息传播的最短路径和最经济的手段。社群不仅是一群志同道合的人的聚合体，同时也是连接信息、服务、内容和商品的载体。

在中国，提到社群传播，绝对不能不提小米。小米的快速崛起离不开其社群传播的策略。虽然从粉丝经济过渡到社群经济并非一帆风顺，但作为最早打造出社群的案例，小米仍然能给后来人带来很多启示。

创立之初，小米定位于"走草根路线"，寻找手机发烧友，打造"100个梦想的赞助商"。通过泡论坛、做口碑，小米最后选了100位资深用户，参与MIUI的设计、研发和反馈，这极大地增强了用户的主人翁感和荣誉感，让他们有更大的激情参与产品的后续升级，形成了早期种子用户的爆发。总结起来，小米主要通过三个平台聚集粉丝：利用微博获取用户；利用论坛维护用户；利用微信做用户服务。

后来，小米通过爆米花论坛、米粉节、同城会等一系列线上线下的活动，为用户加强"我是主角"的感受，给了用户极大的认同感。小米会在活动期间发布新品并进行产品促销，创造了一个又一个销售奇迹。小米从领导到员工，都与粉丝保持对话，以便时刻解决问题。小米创始人雷军每天都会回复微博上的评论，小米的每个工程师每天都要回复论坛中的帖子，而且，在每一个帖子后面，都会显示工程师的ID以及这个问题被解决的程度，这给了用户被高度重视的感觉。

虽然小米的模式并不能算是完全意义上的社群，但其早期聚集粉丝用户以及线下活动运营的方式，可称得上是初创建立社群模式的教科书。

小米的成就，就是社群传播的成果。在移动互联网时代，去中心化使一切都变得貌似无序，实则在这无序的排列中，总有些人能迎接挑战，找到有序的规律，在激烈的竞争中脱颖而出，社群传播的应用就是一个最好的说明。

移动互联网是未来商业的主题，而移动互联网带来的信息碎片化则是未来传播的主题。既然信息传播的本质是一个影响力扩散和说服别人的过程，那么在海量信息泛滥的前提下，就要求传播的方式更有针对性，更有效力。移动互联网时代为信息传播提供了新的课题，那就是社群传播。

改变意味着机会，颠覆意味着挑战。移动互联网带来信息传播的新风口，逐浪而行，顺势而为，等在我们面前的，很可能就是一片诱人的蓝海。

## 人以群分，"社群是互联网送来的最好服务"

群的概念，在古代就已有之。

古人说：物以类聚，人以群分。对于群的释义，还有"三个以上的禽兽相聚而成的集体"的说法。

从古至今，一直都有社群，只是根据时代的不同名称也有所不同，分别叫作部落、书院、俱乐部、论坛、社区……

我们所说的社群，与动物"群"的主要差别，就是人类的"群"具有社会意义和人文色彩，其携带的社交属性使社群具有无限的魅力和生机。

社群的形成，缘于人们对社交的需求。马斯洛需求层次理论将人类需求分为五种，分别是生理需求、安全需求、社交需求、尊重需求和自我实现需求，像阶梯一样依次由低层次向高层次排列。可以看到，人类对于社交的需求仅在生理需求和安全需求之后，也就是说，只要人能活着，就需要与他人连接，从中找到归属感。

现实生活中，孩子们喜欢结伴在广场上玩闹，成人们则希望寻觅一个同类聚集的小天地，这是互联网社群得以存在和发展的理由。

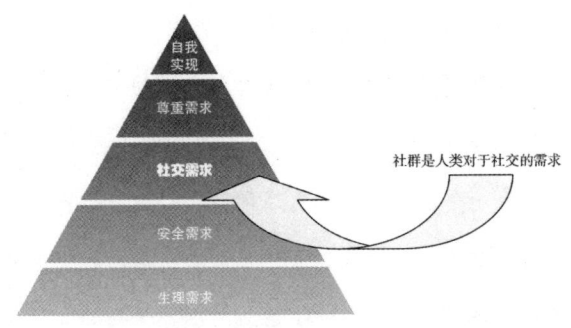

图 1-1　社群是人类对于社交的需求

在互联网这种连接媒介出现之前，由于受地理或者空间的限制，在传统的社群形式中，人们之间的直接沟通也受到相应的局限，当时，不同的社群形式有不同的沟通媒介，比如信件、电报、电话、电子邮件、聊天室、QQ群、微信群，等等。

随着以互联网为基础的通信手段开始普及，社群关系也开始逐渐摆脱地理、空间的限制，进入到虚拟空间连接的阶段。

在互联网时代，人们的社交方式也变得越来越互联网化。大家通过使用各种各样的网络社交工具，认识更多趣味相投的人。社交工具仿佛具有一种磁场，吸引了无数人，这些人聚集在一起成为一个大社群。而在这个大社群里，每个人又都有自己的小磁场，将具有相同兴趣爱好的人吸引在一起，形成小社群。

而社群开始大"火"，是因为移动互联网的迅速发展使人们的关注点从PC端转移到移动端。不论天南海北的地理距离多么遥远，也不管人际关系在现实生活中多么复杂，人与人之间的关系，在网络世界中几乎都被手机进行了整合和重组。所以说，现在的社群，是一种依托于互联网的新型人际关系。

有人说"互联网存在的价值，就是为了让人们发生某种关系"。互联网提供了一个巨大的平台，在此大家可以择群而居，即具有相同兴趣、爱好、需求和价值观的人聚合在一起，形成一个个相对独立的小群体。

在中国互联网的阵地中，有一个独具特色的社区网站，那就是豆瓣。聚集在这里的人大多是受过良好教育、具有良好审美能力的都市青年，包括白领及大学生，这些年轻人大多颇具文艺气质，也就是大家常说的文艺青年。

说起创建豆瓣的初衷，创始人阿北说，一开始就是想要搭建个"臭味相投"的圈子。"当时就是有一个想法，自己看了很多书，跟周围同事、朋友沟通感觉自己学的东西有限，别人看了一些好书、有一些好的东西，我们是否能和别人分享自己的体验，用什么更好的方式和别人分享。"所以，早期的豆瓣最主要的功能就是"读书"，后来扩展出"书、影、音"条目，用户可以发表书评、影评、乐评，以及根据这些兴趣衍生出的分享讨论平台。

被吸引而至的年轻人，崇尚文艺的生活方式，喜欢阅读、写作、看电影、听音乐，喜欢别致唯美的器物，很多人都具有极高的艺术造诣，活跃于各个豆瓣小组、小站。他们拥有很多奇趣的创意，经常组织各种线上、线下活动，是互联网上的时尚风向标。

随着时间的推移，豆瓣成功地聚集了一批优质忠实的核心用户，同时积累了庞大的数据库、用户量和小组数。豆瓣的工程师通过数据，不断完善算法，为用户提供更有针对性的、更加符合他们兴趣的内容，有的放矢地把兴趣用户聚拢到一起，放在各个板块里，比如读书、电影、音乐，等等。每个分类下汇聚的都是黏性极高的、非常精准的铁粉用户，豆瓣自然而然地成为文艺青年的庞大队伍。

作家柏邦妮曾经一度在豆瓣上非常活跃。回忆起那个阶段，柏邦妮说："豆瓣对所谓'文艺'的塑造真的是很强大的，第一次让文艺青年成为一个群体，以精神需求来聚集众人。因为豆瓣在社交上有'无限归并同类项'功能，我认识了很多志趣相投的很酷的文艺青年，线下总会聚会，凑在一起聊天。在豆瓣上认识的朋友质量总是很高。"

多年来，豆瓣吸引和汇聚了一代又一代的文艺青年，影响着他们的生活方式，甚至成为很多人生活的一部分。它挑战并颠覆了文艺界权威的排行榜，以从下到上的方式，搭建了一座集体精神家园，让无数年轻人找到了心灵寄托。

财经作家吴晓波说，社群是互联网送来的最好的服务。他认为，有了网络社交工具之后，人们可以脱离现实生活中真实的身份，突破地域的局限，在虚拟的世界里重新设定身份，构建交际圈，重建社交关系及商业关系。

在互联网的世界里，每个人都享受到了极大的自由和个人权利，一个人会有很多兴趣、身份和标签，可能会活跃在很多个社群里，喜欢健身的在一个社群，爱好旅游的在一个社群，精通投资的在一个社群……但是不管怎样，这个社群里的人价值观一定是互相认同的。这才是真正的人以群分。

## 站在风口，社群时代崛起的社群经济

在当前的互联网语境下，几乎每个人都身处在多个社群当中，你用或者不用，你来或者不来，社群反正都在那里。正是这种移动互联网技术带来的高效率的沟通与协调，以及社交网络对人们生活的深度渗透，成了社群经济崛起的基础。

社群经济的关键词在于"经济"，必须能产生经济效益，才能称其为社群经济。

社群经济并不是什么空降的奇特概念，而是像我们前面说的，群的概念自古就有，有着比较稳固的社会学基础。在很多社交平台里，都能看到社群经济的端倪，比如豆瓣、微博、QQ群、QQ空间、微信群等。只不过在之前的时代缺乏有效的工具，社群内部交互的效率太低而成本又偏高，社群就很难发挥其经济价值，平台也很难有一个生态机制去对其反哺。

随着移动互联网技术的飞速进步，所有人都有了一个"像自己的器官一样的"、可以随身携带的、随时连接他人的个人终端——智能手机，从即时通信到支付等，都可以通过各种第三方工具马上实现，整个社群可以效率极高地进行协同、一致的行动。在这个前提下，社群经济逐步显山露水并在短时间内迅速崛起。

经济学家认为，社群经济是指互联网时代产生的一种群蜂效应，一群有共同审美和价值观的用户抱团互动、交流、分享、感染、协作，连接产品与消费者的不再仅仅是产品本身的功能和实用性，消费者开始重视产品的附加价值，比如附着其中的情感、文化、格调等人格化的东西。如果产品在某一点上能够满足或者超过消费者的这种心理诉求，消费者就会对产品形成一种信任，建立起感情上的联结。

所以，互联网时代下的商业经济的底层结构在改变，伴随着巨大的挑战出现的，是巨大的机会。传统的商业模式注重抢地盘、扩规模，移动互联网时代下的商业是要争夺用户的注意力、争取用户的时间，所以社群经济的商业模式基于人而非商品本身。

但是，社群经济不等同于此前的粉丝经济，而是对粉丝经济的一次颠覆和进化。

虽然我们都已经深深领教了"粉丝经济"的威力，但"粉丝经济"仍然是单向度的、中心化的，运作核心依然是产品和企业的服务，表现出单一的商业化的文化。而社群经济坚持"用户至上"的原则，社群里的每一个成员都被当作重要的核心用户来维护，社群竭尽全力对客户投其所好、解决痛点、谋求福利，让每一个用户都获得价值。这样，一个社群才有可能运营得好，社群经济也才可能得以长久发展。

在社群经济这个领域，目前已经出现了一大批跑在赛道前面的领跑者。且看如下案例：

对于摩托发烧友来说，"每个人心中都有一辆哈雷"，哈雷·戴维森是一生一定要拥有的一辆摩托车。哈雷·戴维森的车主对于这个品牌有着极其强烈的忠诚度，作为高端摩托车的代名词，哈雷·戴维森不只是一辆摩托，更是一种精神，在全世界得到广泛认可，这其中的原因何在？

这就是社群策略的力量。哈雷摩托对社群经济的经营，非常值得以硬件产品为主的传统制造企业借鉴。

哈雷摩托通过社群策略，打造了一种彰显激情、自由、进取的骑行文化，用品牌核心理念把发烧友凝聚起来，用一张遍布全球的"社群"巨网，牢牢地抓住了哈雷车迷的心。哈雷通过车友会等社群，组织一些满足车迷社交需求的活动，比如举行一年一度的庆祝活动，举办大奖赛，打造骑行计划平台，等等，让消费者成为演绎品牌理念最好的演员。

哈雷摩托为自己的产品贴上了无拘无束、释放激情、自由不羁的标签，迎合了人们内心深处对于自由和叛逆的需求，与消费者牢固地建立了情感纽带。对哈雷车主来说，他们不仅仅是买了一辆价格不菲的摩托车，还由此成了一个群体中的一员。在这里，大家都热爱哈雷，都有着相同的行为方式，一起自我展示和分享激情，无论他们是谁，是什么阶层，只要一骑上摩托，就有了一个共同的身份——哈雷骑手。

1983年，哈雷摩托受到日本车企的冲击，濒临倒闭，最终也正是被自己的品牌精神拯救，触底反弹，25年后还成为全球五十大品牌之一。

哈雷摩托发掘出"对于自由的向往"这种人性共通的需求，使自身化身为这种需求的载体，成为千千万万支持者的精神图腾。作为一个品牌，还有什么比拥有成千上万的忠实铁粉更重要呢？

哈雷·戴维斯通过深度经营社群经济，充分调动了社群成员的参与性，打造了非凡的凝聚力，从社群中挖掘出了丰厚的商业价值。

对于社群经济的商业价值，财经作家吴晓波总结为三点：

第一，社群能够让消费者形成真实的闭环互动关系，重新夺取信息和利益分配的能力。

第二，社群让互动和交易的成本大幅降低。

第三，社群能够内生出独特的共享内容，彻底改变内容发布者与消费者之间的单向关系。

科技大环境的变迁为社群经济带来了发展和成长的沃土，移动互联网技术的快速进步，智能手机的不断升级，人们网络化社交习惯的日益加强，B2C的电商消费的逐渐成熟，都将使社群经济越发深入地影响经济社会生活。在未来，淘宝等大流量平台有可能会因此失去其霸主地位，社群将成为商业的核心动力，重新定义人与一切的关系，各行各业将会出现更多有趣的社群产业。这些社群产业将为人类的生活带来不可估量的变化。

## 社群裂变，快速点燃信息的动力引擎

我们都知道：裂变产生的能量是相当惊人的。科学家用热中子去轰击铀原子，撞击产生出2~4个中子，这些新的中子再去撞击其他原子，再产生新的中子，如此重复，出现了一种碰撞和分裂的链式反应。在这个过程中，产生的巨大能量就是核能。

这个过程被科学家称为裂变，如果没有裂变反应，铀就仅仅是浓缩的放射性金属而已。

同样，一条信息或者一个社群，如果没有人为地进行发酵，就与裂变前的铀一样，没有任何能量。在社群裂变的过程中，信息得以迅速传播，产生了巨大的商业力量。

"凯叔讲故事"是中国互联网矩阵中一个知名的亲子品牌，其官方宣传语是这样的："'凯叔讲故事'由著名主持人、两个女儿的父亲光头王凯创立，中国第一讲故事品牌，微信最大的亲子平台，每天与400多万家庭互动分享。孩子的哄睡神器，父母的育儿宝典。"

在数量众多的幼儿教育品牌中，"凯叔讲故事"能够独树一帜，取得巨大的成功，与其依托社群，实现了较为快速的裂变不无关系。

下面我们来看看"凯叔讲故事"的社群裂变模式。

作为央视主持人的王凯，为了培养女儿的阅读习惯，每天都要给女儿讲一两个故事。最开始，他在女儿幼儿园的家长群中，分享了自己的故事录音，受到一致好评。于是他又把录音发到微博上，结果每条微博都有好几百次的转发。这时，王凯敏感地意识到，孩子每天听故事，是一种刚需。

王凯决定做点儿事情，满足这种需求。最初的阶段，"凯叔讲故事"借助行内一些权威人士的传播去激活用户，圈起一个较大的用户基数，用户数量增长迅速，"凯叔讲故事"的公众号每个月能增加20万左右的用户关注，实现了第一步较为快速的裂变。

这个时候，一向很受家长欢迎的"凯叔讲故事"却引起了很多家长的"不满"。为什么？因为有些家长反映，故事讲得太生动了，孩子听上了瘾不肯睡觉，让家长头疼。根据这些反馈，王凯改进了产品，在每讲完一个故事以后，他会朗读一首"睡前诗"，每读一遍都会比上一遍声音小一点儿，十几遍之后，声音已经若有若无，孩子也安然入睡。

家长的这种反馈就是一种数据，是产品进行改进、迭代和创新的依据之一。

孩子听故事的刚需，引发了家长的活跃度，"凯叔讲故事"团队围绕科学育儿等内容推出了"妈妈微课"。"妈妈微课"有50个500人左右的微课群，一共有20多万妈妈参与其中，最多时有15万人同时在线听课。

"凯叔讲故事"将创作的优质内容借助公众号、微课群持续不断地快速传递给用户，这是传统媒体所无法做到的。在这种价值传递中，还可以使用户逐渐参与到运作过程中，根据用户参与过程中的体验，发掘出创造更大价值的可能性。

"凯叔讲故事"的公众号后台每天会收到20多万条用户留言，跟客户沟通的频率相当高。王凯认为，用户参与、一起打造的产品才可能是精品。通过互动了解用户痛点，是做产品最好的方式之一。积累了一定基数的用户之后，跟用户保持积极的动态沟通，分析用户数据，掌握用户的个性化需求，才能不断生产出满足用户更高期待值的产品和服务。

王凯在经营社群的过程中，关注到了四大要素：需求、数据、传递、动态，在每个环节都做得非常到位，为社群快速裂变打造了极强的驱动力，使"凯叔讲故事"成为极具影响力的一个亲子品牌。

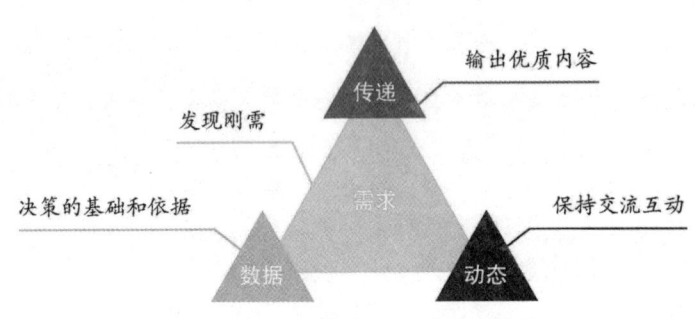

图1-2 社群裂变的四大要素

移动互联网、社会化媒体改变了游戏规则，裂变，是互联网时代颠覆式的传播方式。在这个全民自媒的时代，人人都可以是内容创作者和传播者，在众多的自媒体平台之中，微信以近10亿的日活跃用户，持续占据流量高地。

新的时代改变了游戏规则，传统企业的营销是"产品研发+渠道推广"，这样的方式，营销成本会越来越高，渠道的成本也会越来越高，只有一些有实力的大企业玩得起，很多新产品和新平台没有这么多钱可烧。唯有好的产品依托平台裂变，才能达到低成本的扩张和发展。可以这样说，移动互联网营销的本质，就是裂变营销。

传播个体（企业或者个人）通过在社群中发布一个有价值的内容，引发用户传播，从而达到一个用户带来身边N个（裂变）用户的目的。裂变的结果是一生十，十生百，百生千，千生万，低成本获得万千粉丝。在互联网领域，当用户累积到一定的数量，商业模式就自然而然地出现了。经营好社群，无疑是一条实现信息快速引爆和变现的重要路径。

# 第二章

# 从社群思维出发,让社群与商业相遇

## ✺ 打破信息孤岛，建立最快捷的传播渠道

有人说，社群时代是个体"成群"的崛起。

华盛顿特区经济趋势基金会总裁杰里米·里夫金说过："未来运营社会资本的运营资本家，很可能会取代金融资本家在社会中的地位与作用。"这个预测，无疑为社群领袖们描绘出一个美好的未来。

在"个体崛起"的时代，"再小的品牌也有自己的社群"。商业总是随着生活的变化而变化的，海量信息的涌出改变了人们的生活，自然也引发了商业的改变。在这种背景下，商业面对的第一个机会和挑战是，信息的传播法则发生了极大的改变，大众对于商业信息的接受方式和接受习惯也随之发生了改变，商业必须同步进化出适应移动互联网时代用户的传播方式，而一旦拥有了与移动互联网时代精神契合的传播方式，便能够以极低的成本，获得比以往更好的传播效果。

信息在互联网时代的裂变，是从一到万的过程，这个过程持续得越长，信息的传播范围就越广，信息的影响力也就越大。过去那种信息不能共享互换、功能不

能关联互助的信息孤岛现象被彻底打破了。

而且，互联网时代的这个裂变过程，是完全由信息受众自动、自发开展的，也就是说只要谙熟这种新的传播法则，便能够在不大的平台上以很小的传播成本，换取信息在极大范围内的引爆。

昀魔方App作为一款服务于商务群体的移动社群管理软件，是一个前瞻性的领先产品，旨在打造高品质的社群社交商贸平台，实现传统商业社群向智能化管理模式的迈进。

在"互联网+"的时代背景下，昀魔方通过打造智能链接的会员平台，为会员开启商业机会、结交商界精英、拓展行业资源、提升商务传播的有效性，建立活跃而有价值的商业生态，旨在打破传统商会、传统思维和空间壁垒的瓶颈，激发其背后的商业价值和商业力量。

商人和商人在一起，有意无意间总能碰撞出商业机遇的火花。昀魔方将资源对接细化到个人名片，以简洁资源供需展示、公司背景介绍来寻找产业的契合点。

为了催生更多的商业机遇，昀魔方通过搭建商讯、活动、直播、企业微电影等信息交换平台，引导会员自发对接资源，打造功能型的商业垂直社群，助力商协会等商业组织打造优质的商圈模板。

昀魔方始终坚持的目标是：促进商业社群资源对接，实现价值落地变现。

互联网带来的信息大爆炸，给大众生活带来了颠覆性的改变，这种改变也催动了商业的改变。信息传播作为商业的一个重要组成部分，挑战着人们对于信息的甄别、吸收、判断、选择能力，这种挑战逼迫人们的思维必须做出改变。社群思维的本质，就是要回归商业本质。

今后，社群经济将会造就一种新的企业类型——社群企业，所谓社群企业，就是以社群思维为逻辑和指导思想的企业形态。在社群经济时代，社群企业必将崛起。

成功的社群企业,将会具备一系列独特的能力:能够修炼出自身品牌的精神内核,打造出极具凝聚力和影响力的品牌IP;能够为用户贴上精神标签,满足用户精神层面的需求;能够激发自己的用户社群产生巨大的传播能量。

这些能力是在社群商业时代中获取成功的关键,但诸多的能力绝对不是可以凭空获得的,而是需要从根本上突破原有的思维局限,建构一种以人为本的思维方式和能力。这就是社群思维。这就意味着社群思维将会建立最快捷的传播渠道,召唤一个伟大的商业时代的到来,将会成为一种引领新型商业的精神法则,引爆社群经济。

## 从0到1,五步构建一个社群

很多人都认为,建群,就是把很多人拉在一起,于是把很多人拉进来,让大家在里面聊天、分享、讨论,这就是"构建社群"。这样随随便便建立的群,很难指望群里的人能主动产生连接、创造价值,甚至很有可能很快就成为一个僵尸群。

那么,从0到1构建一个群,到底应该怎么做?

很多成功的社群运营者已经通过实践得到了丰富的经验和有效的方法,基本可以概括为五个步骤:寻找同类,制定群规,持续输出,通过运营保持活跃度,实现复制裂变,如图:

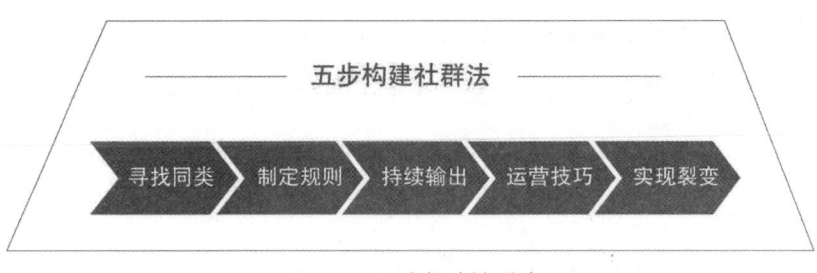

图 2-1 五步构建社群法

第一步：明确价值观并使其落地。

我们在前面说过了，所谓"人以群分"，就是指一些人具有共同的价值观、审美、爱好、品位等，也就是说这些人都是"同好"，即对某种事物有共同认可或行为，这是社群成立的前提条件。

寻找"同好"是构建社群的第一要素。在这个前提之下，社群的创建人要明确一个大家都认可的价值观，比如，有些女性社群的"让我们一起活出自己""又忙又美的活法"，罗辑思维的"U盘式生存"，行动派社群的"敢行动，梦想才生动"，一些早起打卡群的"早起让生活更美好"等。

价值观明确了之后，要有一系列的举措，使这种理念能够明确地体现出来并落实下去。具体又有哪些方法呢？

首先，要为你的社群取一个好的名字。

名字不仅是个符号那么简单，它给人直观的第一印象，是品牌的一个重要的标签，所以社群名字非常重要。

如果创始人有一定的知名度，可以直接以创始人的名字命名，比如吴晓波书友会；也可以从社群的功能和目标用户入手，取一个垂直领域的名字，让人一看就知道这个群是干什么的，比如达人江湖商学院、洋葱阅读等。确定了社群名称之后，还要配合制定一些群口号，相关平台或者线下活动的LOGO，在视觉上让用户加深认知，提高社群识别度，这些元素都能更好地为塑造价值观服务。

第二步：为你的社群制定规则。

所谓规则的作用，就是要为你的社群设置一个门槛。现在很多社群为了快速拉人，扩大规模，事先没有设置门槛，谁都可以进来，这样做的后果是群里什么人都有，无法进行高效连接，更难以聚焦。因此，设置一定的准入门槛，是社群质量的保证，也会让社群成员更有归属感和付出感。

第三步：持续性的内容输出是社群的核心。

社群的内容输出是社群的核心，是社群最有价值的灵魂所在。为了让社群成员的用户体验更好，在这方面运营者们需要用心思考。

首先，社群的内容输出不能频率太慢，间隔时间太久，比如一个月输出一两次，很难使用户与社群保持持续、多频的联系。其次，输出的内容也不能让用户太耗时间、太占精力，否则大家很快就散了。

第四步：通过运营保持群活跃度。

并不是把一群人聚到一起就算是社群了。社群的本质是一群用户为了一个目标而共同努力。所谓社群运营，就是通过运营手段，激活并活跃社群成员，在社群搭建初期，运营者最好能一直在群里保持活跃度，引导发言，调节气氛。

在新人进入的时候，很多社群都缺少引导新人的运营思想，新人入群之后，仅仅是改名片、鼓掌、送花等是远远不够的，每一步都应该有人接应，减少新人的陌生感，别让新人悄无声息地湮灭在社群中，难以融入。

很多早起群、健身群、阅读群通过打卡或分享读书笔记等形式激发用户的活跃度和黏度，也非常值得借鉴。当社群成员达到一定数量的时候，就需要通过各种活动再次带一带节奏，鼓励成员进行内容产出，促进社群活跃和成员的存留。

比如，一个做得非常成功的美容健身社群，最初主要是由创建人在群里分享各种美容养生知识、碎片时间健身方法，在社群能够持续地输出内容，让社群成员获得内容。然后，在此基础上，群里的很多成员的积极性逐渐被调动起来，每天上传健身照、健康早餐图片，分享各种美容产品和仪器的使用心得等，活跃度非常高，并且在一个月的时间内，社群迅速由一个微信群复制为二十五个。

还有一个PPT学习社群，每天学习一个PPT技巧就是这个社群的主要目标及内容输出，在这个社群里，菜鸟逐渐成长为高手，然后定期为新人分享和传授PPT制作技巧，又吸引了更多想要学习PPT的小白进来，形成了良性的互动和循环。

第五步：复制和裂变。

当一个社群拥有了良好的生命力和生态系统时，下一步就该推广复制，扩大规模圈。社群的发展过程就是由点到线再到网，再从一个网到一个网不断复制和发展的过程，这个成长过程就是一个由小到大的裂变过程。关于这一点，在下面在章节会有详细的阐述。

## ✵ 落实社群价值观，聚拢人气与共鸣

任何合作的前提，都需要有统一的目标，社群运营也一样。社群所聚拢的是一群有"同需"或者"同好"的用户，社群之所以能够形成，是因为这群人有着共同的追求、共同的爱好、共同的兴趣与生活方式。想要让社群用户长期存留于社群之中并保持活跃度且能持续地释放个人价值，就必须确立一个核心价值观。

社群价值观是社群的内核，是社群的标签，也是吸引社群成员产生共鸣、加入社群的主要原因，没有价值观的社群不能称为真正的社群，比如有些商场门口让顾客扫码入群参加打折活动，这样的群就不能称之为社群，只能说是一群人因为一个目的短暂地聚集在一起，一旦打折活动结束了，这个群的生命也就结束了。

社群提倡的价值观与生活方式，能在精神层面上满足用户，让用户拥有归属感和优越感，进而感受到一种满足感和幸福感。社群价值观决定了社群鲜明的属性，吸引社群成员加入，将具有共同价值观和追求的人们聚拢在一起。

比如，罗辑思维、吴晓波频道等社群的成功，都可以带给我们这样的启示，它们都是通过精神领袖的号召力组建的社群，罗振宇和吴晓波就是社群的灵魂人物，他们通过自己的影响力，将认同自己价值观的人聚集在社群中，从中获取商业价值。

财经作家吴晓波一向认为，通过框架思维来筛选价值观一致的人，对于一个社群来说是非常重要的事。他说："我觉得蛮可怕的是：一个社群是乌合之众，大家不知道要干什么，不知道彼此是谁，你有怎么样的价值观，你认同怎么样的人和

怎么样的事情。如果大家很茫然地跑到一起，我觉得这个社群是没有价值的。"

在"吴晓波频道"公众号创立快一年的时候，吴晓波写了一篇文章，进一步确定自己社群的价值观。

在这篇文章中，吴晓波提出了四点：第一，认可商业之美——吴晓波频道这个公众号的内容，大部分是商业或者泛商业的文章；第二，崇尚自我奋斗；第三，乐于奉献和共享；第四，反对"屌丝经济"。最重要的是第四点。当时吴晓波的团队反对写这句话，认为这样说会得罪很多人。吴晓波却坚持提出这一点，他觉得人一定要往上走，要有阳光的一面，而不是甘愿待在社会的下层和边缘。

果然，这篇文章推送之后，每天都会有几百人取消关注，离开了，同时，每天有两千多人新增关注。在这个过程中，慢慢地淘汰了价值观不同的人，留下的人，都是比较认同社群价值观的，到这个时候，社群才真正形成。当社群的价值观被确定之后，随着用户基数和黏性达到一定的程度，变现或者嫁接商业价值就会水到渠成，会出现无数的商业模式。

社群价值观的设计是有学问的，不应该是高深莫测的哲学思想，毕竟你不是在创建一门学科，社群价值观的内核应该接地气，彰显独特的生活态度与个性。

价值观的落实首先就体现在社群文化上，你要起一个有特色的社群名称，提出一个符合用户"三观"的口号，设计一套完美的视觉呈现元素。社群的命名、社群口号、社群头像、LOGO等都是宣传社群价值观的突破点，是让社群价值观落地的重要手段。

一个好的社群名字，应该识别度高、自带标签、让人容易记忆，从而容易传播，起名字切忌不知所云，生僻、偏门。

社群的口号可以说是社群价值观的浓缩，口号的提出，是社群运营工作的重中之重。虽然各种社群的口号形形色色，但是总结下来，基本也就是三种类型：功能型、目标型、情怀型。

"功能型"口号的特点就是具体直白，用最直接的语言告诉别人这个社群是干嘛的，有什么用，比如"周末创业群""下班加油站""文学书友群"等。

"目标型"口号的特点是，能够阐述出该社群带给用户的利益或者帮助用户完成的目标，比如"每天半小时，90天听懂美剧""1000小时高手计划"等。

"情怀型"的口号表达的是利益或者目标背后的情感、情怀、三观等，比如"和我们一起关注自己、投资自己、活出自己"。

除了社群的名字和口号之外，LOGO、背景等视觉设计也是彰显社群价值观的重要元素，有些社群要求用户发言必须设置为统一字体，这也是视觉设计的一种。

另外，社群还要有自己固定形式的互动，互动是社群成员之间建立信任的基础。社群互动要张弛有度，可以有一个固定的互动时间或者固定的活动，比如打卡分享、定期讲课、定期组织线下活动、不时发放彩蛋，等等。以固定的方式与群用户进行互动，可以让大家的连接形成一种固定的节奏，有助于养成用户的使用习惯。以上这些措施，都可以不断强化群成员共同认可的价值观，是落实社群价值观的有效手段。

## ✵ 设置门槛，制定社群规则

很多人在运营社群的时候会想，社群要的就是人气，当然是人越多越好，尽量吸收更多的人加入社群，才能让社群的规模越来越大，带来的商业价值也就越高。那么，事实真的是这样吗？

社群当然是人越多越好，但是别忘了还有"害群之马"这个说法。让用户加入自己的社群，必须设置一定的门槛，做好用户定位，因为不是什么样的人都可以进来的，只有设置门槛，才能让你想揽入的社群成员更加精准。

有一家主题咖啡连锁店，召集来店的顾客建立了一个微信群，管理员经常会在群里发布一些咖啡知识和店里的优惠活动等消息。一开始，群里的氛围很好，一些老顾客之间经常互动，交流咖啡心得，或者向管理员咨询一些问题。

到了春节前后，为了扩大群规模，让人气更高，管理员鼓励群成员们尽可能拉好友进入，并且用红包、赠品等吸引新人加入，微信群很快达到了近500人。人一多，问题就出现了，大部分的人都在潜水，从来不发言，只有抢红包的时候才集体现身。后来，有些人开始发广告，甚至一天内数次刷屏，一些老客户不堪其扰，纷纷退群，更多的则是把群屏蔽了，设置为"消息免打扰"，再也不说话。原本很活跃的、充满正能量的社群，由于大量非目标用户的涌入，短短几十天的时间便彻底沉寂。

活跃的社群，需要有活力的社群成员；健康的社群，需要有遵守规则的社群成员；成功的社群，需要有认可价值观的社群成员。

所以，无论社群的规模是大是小，都必须设置一定的入群门槛，以此保证社群内部始终调性一致、气质统一，气氛是积极的、充满正能量的。设置门槛是筛选用户的第一步，那些与社群价值观不符的人自然不会加入。

通常，入群门槛有这样几种设置方法：

1. 邀请制

一名新人想要加入社群，必须通过老用户发送邀请链接。新人在申请加入时，必须通过邀请链接进入，或者必须提交邀请人的ID，经社群管理员审批后方可入群。这样做，尽管会增加管理员的工作量，但可以有效地避免闲杂人等加入社群。

2. 等级制

对于一些VIP群，不妨借助等级模式，设定入群门槛。一旦品牌具备了一定影响力，社群不再仅有一个，这时候采取阶梯化发展，每一个想要进入更高社群的成员，都必须严格遵守门槛制度，是最简洁的方法。比如"如果你在群里坚持打卡

100天,请加我微信,邀您进入VIP群,更多有趣的事情在等着你",这就给加入社群的新人们做了心理暗示:想要提升等级,首先要连续签到并密切关注,这是晋级的条件;在这个过程中,多浏览贴社群的消息,多学习社群输出的知识,对社群有了一定了解后再加入VIP群,既是对自己负责,也是对社群质量的保障。这种等级制,能够很好地避免广告派、灌水派及其他别有用心的人加入社群。

3.任务制

通过完成一个任务才能加入社群,比如将社群的活动、宣传主题分享到朋友圈,或者发送给朋友,才能够加入社群。这也是筛选成员的一种办法。既然想加入社群,那么必定是对社群主题感兴趣,并且愿意分享到朋友圈的人,那么就为社群贡献一分力量,既有利于社群的信息传播,也令社群成员更有参与感。

4.付费制

付费入群是社群变现的一种方式,但更重要的功能是吸收极其精准的社群成员。愿意付费入群的人,肯定对该社群极为认可,或者相信该社群能够让自己获取利益。因为付费,所以更为珍惜,加入社群后也会更好地服从社群管理,参与热情极高。付费金额的多少,是根据社群的价值而定的。

设置入群门槛的下一步,是制定社群规则,可以先从一个社群做起,不断验证规则的可行性、完善规则,然后再进行大规模复制。

俗话说,没有规矩,不成方圆。无论社群的规模是大还是小,如果没有一定的规则制度作为约束,社群中很可能就会出现越来越多的广告派、灌水派,人越多越乱,越乱闲杂人等就越多,势必会形成恶性循环,导致社群的价值逐渐降低,最终走向消亡。所以建立合理的社群规则制度,就显得非常必要。

尤其是建群初期规则的制定,对于社群的发展来说至关重要,健康的社群,需要有健康的结构和体系。合理的规则能形成良好的社群文化和氛围,有利于成员的连接,能够提高社群行为的效率,给社群带来更多、更深刻的价值。

社群的日常管理规则有很多,最基本的是不能发表色情、暴力、反动的内容；不能发广告、不能侮辱谩骂他人之类的基础规则，除此之外，更重要的是根据每个社群自身特点制定的个性化规则。

设置了群规则之后，自然要有一定的奖惩制度，否则规则很难贯彻实行。比如出局规则，就是对不遵守规则的一种惩罚。我参加过一个早起英语口语群，群规则规定每天早上必须早起练习英语口语并打卡，连续三天不打卡者，就被移出群。我就因为连续三天没有打卡，第四天早上收到管理员留言："青山常在，绿水长流，少侠一路走好。"虽然无奈，但也没办法，只能提醒自己下次入群后严格遵守社群规则。

这种出局规则如果运用得当，就可以清理拖后腿的成员，起到规范社群、活跃社群、让社群更轻快地向优质方向发展的作用。

还有些社群为了避免成员之间互相打扰，实行禁言制度，但是这种制度需要甄别情况，决定是全天禁言还是部分禁言，如果社群实行全天禁言制度，只把一些通知、活动丢进社群，就会出现零互动的情况，时间长了，社群成员可能就会丧失热情，渐渐地不再关注社群，社群就会沦为死群。

一个折中的办法是，根据社群成员的属性、作息习惯，合理设置发言时间。这样做有两个好处：一是可以提高社群成员之间的交流度，提高成员互相的认可和信任度；二是可以提高社群活跃度，不至于让社群那么沉闷。

或者是设定对部分人的"禁言机制"，在达到一定要求后再允许发言。引导新人在禁言期了解社群特点、风格，多看、多思考，这样才能保证解禁之后，所说所言不与社群规则相悖。

社群成员的筛选、社群规则的制定都是为了保证社群健康发展，善于制定规则才能运营出更好的社群。规则是一个标尺，可以起到鼓励社群成员贡献价值、控制社群发展方向等多方面的作用。

有了可行的社群规则，就会自然而然地发展出社群文化。文化是规则带来的成果，这一切，都需要在社群建立之初就进行规划，确定好规则，避免社群规模增大之时出现诸多情况而失控，让之前的那些努力都沦为无用功。只要定好规则并做好后期管理，社群文化就能贯穿始终，并不断深化与发展，让社群更具潜力与活力，成长为具有旺盛生命力的高级社群。

## ✦ 裂变的基础：吸收高质量种子用户

一个社群之所以能够从0到1建立起来，其最大的难点就在于吸引种子用户。

种子用户的质量，是社群运营的关键。种子用户可以给社群提供最初的价值，也是制定社群规则时的第一批反馈者。种子用户对后来加入的成员影响极大，所以积累和选择种子用户，对于社群创建者来说，是一件需要特别慎重的事。

一个社群的理念、功能再好，如果在最早启动的时候出了岔子，吸收了错误的用户群体，不仅不利于社群价值观的落实，也不利用社群调性的塑造，更会影响内容的沉淀。更重要的是，由于目标用户群的错位，社群无法通过正确的意见反馈去进一步改进和调整，就会一步错步步错，产生不良的连锁反应。因此，用有效的方法引进高质量的种子用户，对于一个社群来说就显得尤为重要。种子用户，不仅可以充当社群的宣传员，还能为社群运营和发展提供高质量的建议，几乎每一个社群，都是靠深耕第一批种子用户，完成复制裂变。

网易在最初推出"有道云笔记"的新版本时，首先拉来了50个公司内部员工，每天密集使用，不断发现和提出需求。通过不断的完善，在产品形态有了雏形之后，发布了小范围的使用版本，邀请了近百位"意见领袖"和旧版本的核心用户进行体验。

在后来的正式对外发布的公测阶段，有道云团队制作了一个审核流程非常严格的内测邀请页面，通过论坛和邮件群发出去，在24小时内，收到了14000多个参与测试的请求。

所有获得内测邀请的用户，都被集中在一个专门搭建的反馈协作群里提出问题，由产品经理和技术人员进行实时回复解答。这批用户最后就成了与有道云协作的种子用户和义务推广员。

全球最大的社交网站脸书，最初只对常青藤大学的学生开放，随后才向整个美国和全世界拓展。这个策略极其聪明，使脸书在初期积累了一批高质量种子用户，也引起外界对融入这个精英社交圈的渴求，为以后向普通大众推广奠定了稳固的基础。

所谓种子用户，就是能"发芽"，具备成长为大树的潜力的用户。要在人群中筛选出那批最认可社群价值观的用户，通过以点带面来影响后续加入的用户，形成良好的社群氛围。种子用户不在于多而在于精，适合自己社群的才是最好的。种子用户可以凭借自己的口碑和影响力，吸引更多的目标用户。

建群初期，建议从100人的种子用户开始。100人是一个比较合适的数量，可以帮助社群验证规则、运营方式、内容、活动等的合理性。万事开头难，种子用户的获得是一个艰难的过程，从1到100个，是最艰难的，后面的100到1000、1000到10000就越来越容易了。

有一个概念一定要清楚，种子用户不等于初始用户。选择种子用户要有明确的标准，尽量选择影响力大、活跃度高的用户，用户的气质要尽量与社群的调性吻合，用户的影响力要尽量能波及目标用户群体；其次，种子用户的质量比数量更重要。引进低质量的用户，还不如没有用户。

明确了社群种子用户的调性和选择标准之后，下一步就是如何找到这些种子用户。以下几个方法是获取种子用户的常用手段，可以根据社群自身的情况酌情采用。

1. 马甲运营

聚美优品创始之初，没钱宣传推广，创始人之一戴雨森就伪装成bb霜资深达人，在人人网注册了一个马甲，发了一个很长的帖子，告诉大家bb霜的正确用法，获得了几十万阅读量。帖子最后放了聚美的购买链接，这篇软文，为聚美带来了几十万的销量和几千个种子用户。

有些社群，尤其是社区类社群，需要创始人引导种子用户形成符合社群调性的讨论气氛，一些开发者和运营人员选择批量注册一些马甲、小号，持续输出高质量内容，推荐给用户，对于一个没有多少启动资金的创业团队来说，这是一种非常有效的运营技巧。

2. 口碑传播

豆瓣网的开发者阿北很低调，他并没有用太多精力做产品的宣传推广，而是专注于产品本身。豆瓣创立的第一年，几乎每一两天就有一个新功能上线，每次阿北都会用简洁的语言向用户们介绍网站的新变化，并鼓励用户尝试。对产品功能的精雕细琢引发了种子用户的热情互动。豆瓣上线最初的半年内只积累了两万用户，此后几个月，增长速度明显加快，用户的爆发来自种子用户的口口相传。

依靠种子用户的口碑传播，对产品的要求很高，除了要满足用户的核心需求，产品体验还要非常好，用户才更有可能主动地帮助你宣传。

3. 媒体宣传

借助各种各样的媒体工具为自己宣传，比如在"知乎"撰写软文、回答问题。一些网站本身有一定的知名度，在他们的平台上曝光会带来许多圈内的种子用户。

4. 大咖推荐

借助知名人士、行业大咖、意见领袖的力量获取种子用户，可以选择一些质量高的文章，推广给有影响力的人，请他们转发，转发的时候加上评论和推荐语，效果极好。

吸收和积累种子用户是一件很有难度的工作，可这仅仅是社群运营的开始，如何留住种子用户、依靠种子用户发展壮大才是接下来更重要的任务。

无论在什么社群中，"内容为王"仍是真理，如果仅有用户，而没有高质量的内容输出，维持起来也是很困难的。对于种子用户来说，其在社群内的关系链还未形成，因此只能这儿看看那儿看看，如果社群输出的内容有价值、有趣味的话，用户就会自发地产生互动，逐渐形成关系链，否则种子用户很有可能因为内容匮乏而退出，辛苦拉来的种子用户就流失了。

培育种子用户的过程，也是考验创始人真诚与否的过程。与用户的交流和互动要诚恳，对用户的反馈和帮助要表示真心的感谢，创建者和用户之间应该遵循平等、自由的态度，营造轻松愉快的社群氛围。

总之，拨开纷繁复杂的推广运营方式，其实只要牢牢记住一个宗旨即可：在自身资源和运营能力够用的情况下，用心做有价值的内容，真诚对待用户，才能产生强大的磁力，把用户牢牢吸引在社群中。

## 小伙伴们一起玩，形成社群推广矩阵

我们前面说过，并不是把一堆用户聚到一起就是社群了。社群的本质是一群用户基于相同的价值观聚集在一起，为了一个共同的目标而努力。

因为社群是一个组织，是一个集体，所以在运营中，整体架构需要构建得科学、合理，同时保持一定的灵活性。如何构建好社群的层次，坚持大方向不变，让大家一起同心协力推动社群向前发展，是运营者必须思考的问题。只有一个稳定、紧密、用户体验好、充满归属感的社群，才能迸发出巨大的能量。

当很多人还在讨论内容创业的趋势、知识付费的风口，一些先行的知识型、学习型社群已经站在巅峰了。

比如"十点读书"，堪称社群营销成功的典范。

"十点读书"的成功，离不开其强大的推广矩阵。

首先，"十点读书"的社群是由一群有共同爱好和需求的人组成的，这些人通过良性的互动,建立起了高效的会员体系,增强了用户归属感,也大大加强了品牌影响力。

"十点读书"的整个平台结构,由微博、微信、电台、微社区组成,同时在各个城市招募会员和班长组成线下读书会;又召集助手管理微社区和微信群。通过管理员、群助手、读书会班长一起来管理社群,小伙伴们一起玩,积极组织线上线下各种活动,增加了社群成员的参与感与组织感。在这个基础上,不断根据用户需求增加栏目,扩充成多个学习型社群。

通过"十点读书"的成长过程,也可看出它成长的三要素:持续性的优质内容输出(公众号日更美文、电台、书籍)、多渠道的传播(微博、微信、微社区、嘉宾分享、电台)+用户形成的推广矩阵(读书会班长、管理员、群助手的征集)。

"十点读书"平台让群员积极参与到社群的管理和平台内容的建设中,在强大的团队阵容中,业务涉及电影、阅读、音频、动漫等,让其可以进行更多文化类的商业尝试,获取商业价值。

一般来说,社群的推广矩阵,都会搭建成一个金字塔模型,自上而下,上层影响下层。

这个金字塔模型中的人员一般分为四级:

第一级是社群的管理人员和运营人员。

第二级是运营人员的助手。如学习委员、班长、组长等。

第三级是有价值用户,基本就是在社群里活跃度高,能做出高质量输出,或者能给社群贡献有效价值的那部分用户。

第四级是一般性用户。他们是社群中的大部分普通用户,也就是所谓的那些"80%的用户",而在社群运营中,最需要用心服务的是金字塔顶端20%的用户。

在这个金字塔型矩阵中,第二级的运营才是最关键的,社群运营者要找到群里最忠实、最活跃、最上进、学习力强的优质用户,充分放权,让他们拥有一定的决策权，帮助自己管理社群，集思广益，让他们真正发挥智囊的作用。在用户帮助社群发展的同时，社群也应该能够做到很好地帮助用户建立个人品牌，帮助用户成长，增强他们的荣誉感。

社群的推广矩阵搭建起来之后，在自身的生态系统之内，还必须保证能够新陈代谢，保证新老交替，适当地淘汰一些不合适的人，让源源不断的用户细水长流地进来。"流水不腐，户枢不蠹"，一个群如果很久都没有新人进来，活跃度一定会逐渐下降，所以，一定要拥有持续且稳定的引流手段。

一个社群规模做大了，群成员的需求多了，可以做的事情就更多了，这时可能需要拆分出新群。一个优秀的运营人员，一定懂得模式的复制，如果已经有了一个高效的用户组织，就应该依照这种结构去复制、裂变出更多这类组织，社群亦是如此。

但裂变有个基本的前提和原则，就是要先把样品做得没有瑕疵，再批量复制，然后才是无限复制。打样的目的，就是要花足够多的耐心和时间，精益求精，先把这个模式摸索出来，包括如何玩转一个社群、可能会遇到哪些坑、还有什么更有趣的玩法，等等。在这些问题还没有琢磨清楚之前就盲目扩张，是一件注定失败的事。自己都不知道怎么玩，也设计不出高效的运营模式，怎么能带别人一起玩？

在移动互联网时代，社群是一个非常好的工具，可以帮助我们迅速获取有效的用户，但是每个社群又都有其自身的功能和特点，作为一个运营者，应该研究摸索出最适合你的平台、符合你的需求的一套玩法，切记，无论应用哪种模式，你的社群推广矩阵，每个环节都不能彼此割裂，必须是一个完整的链条，形成一个健康运转的生态系统。

## 第三章 场景+社群：高效率的裂变运营

## ✺ 场景的魔力，让信息迅速扩散

场景是当前移动互联网时代的焦点，你看到这句话可能会觉得有点无稽之谈。但随着互联网的发展和移动互联网时代的来临，它将用户推向了另外一个制高点，而这个制高点的核心就是场景，以至于衍生出了场景化营销这种模式。所谓场景化营销，更加注重用户在使用产品过程中的体验度，通过对用户的消费行为及日常习惯的了解，进行跨界之间的相互配合。在现在的互联网环境下，许多企业通过跨界合作，完成了一个又一个里程碑式的突破。这样一来我们可以很清楚地感受到，如果将自己的产品在合适的场景下推广，那么信息扩散的速度也是显而易见的。

场景随处可见，一般来说可以将其分为时间场景、空间场景以及地理位置场景等。尤其是在移动互联网的时代，已经可以实现线上与线下、实体店铺与虚拟店铺之间的结合。所以，凡是能刺激用户，让其产生消费行为并以此帮助企业获取利润的场景，都是值得关注的。

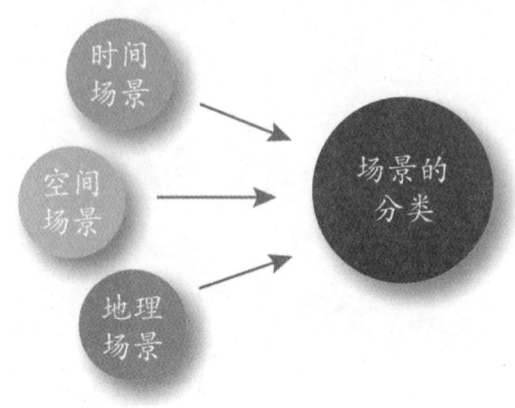

图 3-1　场景的分类

那么场景的魔力究竟在哪里呢？首先，魔力这个词可能让大家觉得虚无缥缈，生活中不可能做到的事却被某些人做到了，我们称之为某种魔力。但直观一点，场景魔力的来源就是营销，营销将场景的魔力实体化了。

所谓场景化营销，指的是通过市场调查，深入挖掘用户的内心需求，并且通过自己企业的能力，努力为用户解决问题，是一种从无到有的营销方式。其核心在于，企业的产品能够场景化。

举例来说，大学生想浏览书籍，就会去图书馆，那么图书馆就是一个场景，这个场景解决的就是"大学生想要读书"这一问题。再比如，在香港有这样一种场景，由于频繁的多雨天气，没有多少企业会想到在雨天去做广告，但是香港有一家航空公司却想到了。他们在街上喷上许多隐形的广告喷漆，平常的天气用户根本察觉不了，但只要在雨天，广告牌受到雨水的冲刷，就显得十分明显。广告的内容则是"下雨了，不妨去××地方度个假散散心吧"。这家公司通过营销手段，巧妙地将下雨天这一场景与广告结合起来，让广告的作用最大化。

在众多大品牌占据主导地位的今天，许多小企业很难生存。只不过这些大品牌虽然能够占领众多大型媒体渠道，却无法占据每个场景。那么作为小众经济的中小企业该如何与之对抗呢？不要妄图通过打价格战以及铺天盖地的广告投放来与之抗衡，这是典型的不自量力。所以解决这一难题的重点在于使用场景化文案。场景化文案的目的非常明确，当用户处于某种场景的时候，自然而然就能想到相关的产品，并且购买和使用，以此来解决当前场景所发生的问题。

"上火"一直是困扰一些人身体健康的重要问题，虽然上火不是什么疾病，但我相信大家应该都有过上火的经历，那种疼痛感可想而知。

人们上火会做些什么呢？他们往往会去药店买一些下火的药膏擦一擦。但是现在呢？如果作为用户的你怕上火，会想到什么呢？没错，就是王老吉。

我们不妨在脑海里想象一下这样的场景。随着年龄的增长，身边的应酬也越来越多。尤其是在四川、湖南等地，每逢周末基本都会约上三五个好友到饭店聚一聚。四川最出名的是什么呢？火锅。火锅确实有很大的魅力，让吃货欲罢不能。但因为各种辣椒、花椒等刺激的调料，导致嘴唇干裂、嘴巴起泡的问题也时有发生。尽管吃的时候十分享受，但吃完第二天却疼痛难忍。

某一天，大家又去聚餐，你说你不去，怕上火。我相信你的朋友或者同事会立马说出这样一句话："怕上火，喝王老吉啊。"你看，问题立马解决了，你又能开心地吃火锅了。

为什么现在的用户想的不再是购买下火的药膏，而是直接喝王老吉呢？其核心就在于，这一段场景化的文案已经深入人心，让用户只要想到上火，就想到了王老吉。

怕上火是一种场景，王老吉是解决场景问题的产品。我们将用户怕上火理解为英文字母的起点A，将王老吉这款产品理解为终点Z。由A到Z是一条直线，不需要经过中间其他字母，而可以直接到达。这就是场景的魔力，能让用户快速知道这款产品的魔力。

所以在做社群运营，尤其是对产品进行包装的时候，一定要牢牢记住，结合当前的场景，进行相应的营销布局。依靠单纯的广告做营销的时代已经过去，如今是借助场景触发营销的时代。如果作为企业或运营人的你，还一直坐井观天，守着曾经的知识，不学着如何借助场景化营销走得更远，那被别人取而代之也只是时间早晚的问题。

## 上个头条咋那么难：选对时间场景，获取有效注意力

上头条对于大明星来说是一件十分简单的事，随便发一条微博都能成为头条和热门。有些明星的八卦绯闻，能占据头条好几天的时间。当然我们既不是明星，也不是名人，只是一个普通的运营人，根本没有用户会关注我们的私生活，更不会因为拍戏受伤或者离婚就得到大量的关注。但我们也有一颗想要上头条的心，这是肯定的。我们也希望得到用户的关注，那么作为一个普通人来说，怎么才能上头条呢？

上头条的方法可以分为两种，一种是自己创造，比如做一些惊人的举动，引起媒体的关注，通过媒体的炒作，很快就能上。像获得某种国际性奖项或做一些违法的事都能上，只不过获大奖对于我们来说做不到，违法的事我们不能做，所以这一种基本可以不用考虑。当然还有另外一种方法，就是蹭头条，什么热蹭什么，只要头条蹭得好，吸引了用户的注意力，也能被推上头条引起更多的关注。

所以对于做运营的人来说，想要上头条的方法很简单，只要选对时间，再结合当前时间下的头条新闻发表自己独特的观点，想要上头条根本没那么难。

头条每天都会有，为什么自己却上不了？许多运营人之所以觉得上头条困难，主要原因是没有把握好时机。他们往往有以下五个特点：闭门造车、想当然、不做调查、不关注热点、不收集渠道。

闭门造车，只会守着公司内部的产品做延伸；想当然，觉得自己企业的产品一定是最好的；不做调查，不对用户做市场调查数据分析；不关注热点，网上发生

的热门事件毫不知情；不收集渠道，想要引起用户的注意力，渠道是十分重要的一个因素，而他们却不搜集。如果现在的你依然处于这样的几种状态，想上头条真的是非常困难的一件事。

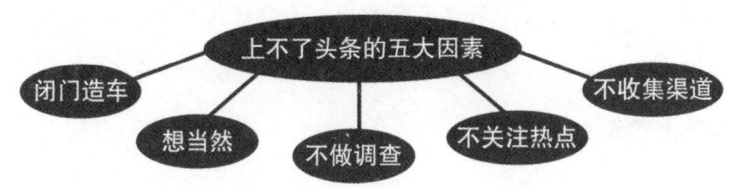

图 3-2　上不了头条的五大因素

上面已经提到，时间场景是直接决定是否能够上头条的重要因素。那什么样的时间场景才能让我们上头条呢？

举例来说，曾经火爆的轻喜剧《爱情公寓》，在2017年就盛传第5部要上映，但大家却迟迟没有等到。当时一位朋友写了一篇《〈爱情公寓5〉你再不来我们就老了》瞬间引爆了朋友圈。但是如果现在再去写，还能火吗？

2018年年初，某位明星的"做头"事件，当时也有许多媒体人写了关于这种类型的文章，并且传得沸沸扬扬。只是现在去写还有人看吗？这两个小案例都是抓住了时间场景并且加以利用，才登上头条的绝佳证明。

其实，头条随处可见，只要我们有一颗善于关注热点的心，努力思考如何蹭热点的脑，以及勤于行动善于写作的手。

詹姆斯作为篮球界的巨星，是热爱篮球运动的年轻人十分熟悉的。曾经骑士对战勇士，詹姆斯上场48分钟拿下了51分、8篮板、8助攻的绝佳成绩。51分是詹姆斯参加总决赛的最高分，也是季后赛生涯的最高点。虽然最后骑士还是输给了勇士，但这个成绩也成功地将詹姆斯推上了头条。

这就是一个绝佳的上头条的好机会，那天我身边的朋友纷纷写了关于詹姆斯的篮球生涯的文章，比如《詹姆斯，你真的开挂了吗？》《詹姆斯，一个击败全宇宙的男人》等，这些文章瞬间席卷了各个媒体平台。它们不仅在蹭头条，更以此来纪念大家逝去的青春。虽然詹姆斯早已被用户所熟知，但借着这一头条新闻，也成功地让我身边的作者获得了不少的流量和关注。

同样，在篮球界还有我们所熟悉的科比，北京时间2016年4月14日，科比正式宣布退役。当时几乎所有的篮球爱好者、自媒体人都为他撰写了文章。也有不少人的文章成功登上了头条。

如果说现在再去写科比，相信依然会有人看，因为科比与詹姆斯的对决也是篮球迷们心中永远的记忆。但现在看科比的人必然比看詹姆斯的人要少很多，这就是时间场景导致的。现在是詹姆斯的时代，而不是科比的时代。

在这个上头条需要依靠庞大粉丝群体、各种媒体相互炒作的环境下，普通人是很难上头条的。只要我们把握好每件热门头条的时机，通过自己的包装和发布，也能分得不少的流量，这也是成功上头条的关键。

不要故步自封，不要想当然，要善于发现身边的热点，不断地收集、整理渠道，灵活运用身边的资源。总有一天，你所写的文章甚至你这个人都是有机会上头条的。

## 给顾客"市长"待遇：利用独特场景，引发社群参与

创建社群的目的，是为了让更多的顾客参与进来。只有维护好这些主动参与社群的顾客，他们才能为企业带来更多的顾客，以此来提升企业的利润。但顾客为什么会参与我们的社群？解决这一问题，就成了社群运营的关键。其实顾客之所以会参与进来，是因为社群给予了顾客更多的服务，满足了顾客更好的需求。"顾

客等于上帝"，企业需要满足上帝的需求。当然我们可以通俗一点，顾客是"市长"，运营需要给顾客市长级别的待遇。

在我做运营的这些年，接触过许多做得并不是很好的运营人，他们觉得顾客是贪婪的，顾客时时刻刻都想要免费的东西，只要满足这一点就能获得更多的利润。但我却不这么认为，我觉得顾客是挑剔的，并不是给什么他们就要什么。哪怕免费的东西，如果对顾客没用，他们也不会要，因为只会浪费他们的时间。

举例来说，在母婴用品的零售店这样一种场景下，给路过的男子免费发放与婴儿有关的产品，比如尿不湿、婴儿奶粉等，当然前提条件是对方需要加入本店的微信群。你觉得他们会要吗？其实并不一定。首先与婴儿有关的产品一般来说都是由女性负责，其次如果是免费发放或许会有一些顾客想要占便宜，但让一些五大三粗的男人加入一个婴儿产品的微信群，他们肯定不会愿意，所以顾客并不是任何便宜都会占。但如果这个场景换成剃须刀专卖店，那效果就完全不一样了。

给顾客"市长"级别的待遇，这只是一个比喻。其核心在于在不同的场景满足顾客不同的需求，吸引他们参与。这里为大家介绍三种在不同的场景吸引顾客参与社群的方法。第一种场景，紧跟潮流，给顾客时尚感；第二种场景，产品使用时不顺心，给顾客顺畅感；第三种场景，随机出现，给顾客惊喜感。

**场景一：紧跟潮流**

我们以网络游戏为例，在网络刚起步的时候，游戏多以平面为主，比如传奇。之后诞生了以回合制为主的梦幻西游、闯关模式的地下城、5v5竞技的英雄联盟等。时至今日，最为火爆的显然是以绝地求生为主的吃鸡游戏。

每一款游戏的诞生，都会迎来新一轮的市场竞争。二十年前玩传奇可能是潮人，现在玩传奇就只能称之为老人了，这就是顾客处于紧跟潮流的场景下的结果。

当顾客处于这种场景的时候，我们可以告知他们，这是当下最火的游戏，你身边的人都在玩，你却不玩，你还是不是年轻人呢？不妨加入我们的官方QQ群或注册论坛成为会员，第一时间享受最新的游戏带来的乐趣吧。为了紧跟潮流，他们自然会加入这款游戏中去，而在游戏中消费的顾客可不少。

场景二：产品使用时不顺心

在产品尤其是现在App和小程序霸占整个移动互联网的时代，哪家企业没有App，哪家企业没有小程序呢？但是这些产品并不一定十分完美，难免会有一些bug出现。

比如：当顾客使用App的时候，在网络顺畅的情况下，迟迟打不开应用；当顾客想要通过App进行付款的时候，点击按钮却无法跳转到支付页面等诸多问题，都会导致顾客不满。

所以我们可以在这个场景下设置一些引导顾客提出问题的标识。"在官方贴吧发帖或关注公众号，帮您轻松解决遇到的问题。并且，如果您的问题被采纳，将为您送出精美礼物一份"，以此提升用户加入圈子的积极性。

场景三：随机出现

要想让用户参与社群，最好的办法就是给他们惊喜。所谓惊喜自然不是固定的，就像买彩票一样，不知道什么时候会中。

比如：顾客在使用产品的时候，突然获得了一款价值×××元的大礼包。其实这是已经设置好的隐藏事件，但这种意想不到的惊喜会让用户觉得是自己人品爆发，下次不一定还能遇到。

所以当顾客处于这种场景的时候，我们可以给予这样的引导："恭喜您在使用本产品的时候获得神秘大礼包，添加我们的官方QQ群，提交您的账户名称，立刻获取。"

以上三个场景虽然看似没有给顾客多少好处，但其实抓住了顾客的心。我们要明白，顾客嘴上想要的不一定是真想要的，但是内心的时尚感、顺畅感、惊喜感却是每个顾客都希望拥有的。

在希望顾客参与社群的前提下，我们更应该考虑的是给予顾客什么样的待遇。让他们无论是身体上还是心理上都能得到满足，享受像"市长"一样的待遇。这样一来，他们自然就会参与进来了。

## 情绪也是一种场景，裂变传播的感性密码

每个人都有情绪，而且情绪的种类也有很多，但无一例外，情绪是人类情感最直接的表达形式。当然，不同的情绪也会出现在不同的场景，比如喜，意味着高兴；悲，意味着伤心；怒，意味着生气。在这些不同的情绪下，用户也会做出不同的事。都说环境可以改变一个人，同样，情绪也能影响到身边的人，并且传递出去。

有这样一个小故事：一家公司的员工设计的宣传单令客户不满意，总经理非常严厉地批评了他，并且让他加班完成。这款宣传单之前已经改过多次，还得继续修改，而且加班修改让他感到非常生气；之后他点了一份外卖，但因为下雨天的原因，外卖员送来得非常迟，于是这位员工将肚子里的气全撒在了外卖员身上，并狠狠地给了一个差评；外卖员因为下雨送餐已经很不容易了，不仅被顾客骂还被给了差评，他的情绪也开始暴躁起来；由于天气加上工作的原因，外卖员没有吃饭，所以他找了一家营业到比较晚的餐厅，想要点一份吃的。但由于时间太晚了，这家店铺已经没有吃的了。而外卖员之所以进入这家餐厅，是因为看到了餐厅门面的宣传单，上面写着"多晚都会为您奉上一份温暖的食物"。本就十分懊恼的外卖员，顺势将气撒到了老板的身上，老板碍于顾客的面子，只能硬抗下来；于是这位老板打电话给设计公司的老总，希望再次修改宣传单，老板听到后在深夜给员工打电话，让设计员在家继续修改，此时的设计员已经彻底崩溃。殊不知这个宣传单，正是当时让客户不满意的那位员工设计的。设计员愤怒的情绪传到了外卖员身上，外卖员又传到了餐厅老板身上，餐厅老板又传到了设计公司老总身上，设计公司老总最后

又传到了设计员身上。故事虽然到这里就结束了,但谁能保证设计员、外卖员、餐厅老板、设计公司老总不会对其他人发脾气呢?这就是典型的情绪裂变传播的例子,不要以为这只是个故事,说不定这些事正在你身边发生。

我们都希望自己有一个好的情绪,这是必然的,但人无完人。更何况我们在做产品运营时更需要抓住用户情绪所处的场景,才能获得更多利润。我将其称为用户情绪的场景弱点。我们需要做的就是,抓住这些弱点,刺激用户的感性需求,以此来对产品进行裂变式的传播。

许多产品的诞生都是抓住了用户的情绪,当然这些情绪都是不好的,所以被称为弱点。比如:恐惧,老年人害怕自己哪一天会死去,健康保健类的产品诞生了;虚荣,每个人都有虚荣心,都希望自己过得比别人好,高档手机、名贵包包出现了;自卑,有些人因为觉得自己不高、不帅、不美、太胖、不白而自卑,于是减肥药、美白、整形、护肤等产品也应运而生。

通过对不同用户的了解,判断他们处于哪种情绪场景下,借助营销的宣传,来刺激他们的内心并成功销售我们的产品,是掌握情绪场景裂变传播的核心。

市面上有这样一款产品,它的名称为"新肤螨灵霜",许多女性应该都用过。这款产品在名称和广告文案上都不吸引人,但却能让用户牢牢记住。其最重要的原因就在于,它利用了用户的恐惧情绪。

该产品在上市的时候,并没有大力宣传产品的功效,而是从螨虫的危害着手。企业极力宣传螨虫对人体造成的影响,列举出各种由于螨虫带来的病症,并且通过舆论的角度,不断刺激用户,让用户产生恐惧,有了恐惧自然就会想怎么去解决,企业则顺势推出了"新肤螨灵霜"这款产品。

这家企业不仅通过网络舆论对螨虫的危害进行宣传,甚至购买了各种精密的仪器,在促销活动现场,为每一名用户进行检测。在仪器的检测下,用户看到了数不尽的螨虫,更加希望解决这一恐惧。

而且这种恐惧是会产生裂变的，大家都生活在同一个圈子里。如果A用户知道了B用户和自己一样，身上也有许多螨虫，在与B用户接触的时候，出于对自己的保护，自然会提到B用户身上也有的问题，告诫B用户使用这款产品才能真正祛除螨虫带来的危害。这样一来，由于A用户的情绪所产生的情感，传播给了B用户，甚至N个用户，完美实现了裂变式的传播。

"新肤螨灵霜"的成功正是抓住了用户对螨虫的恐惧情绪，在这样一种恐惧情绪的场景下，促使用户为了健康，不得不购买这款产品。

尽管情绪的种类有很多，但比较常见的只有四种，高兴、生气、害怕以及伤心。如今，能否成功驾驭情绪化的场景进行营销，已经成为一项考验运营人的标准。只要大家能够掌握用户在不同场景的情绪，针对不同的场景进行不同的方案策划，通过掌握用户的情绪获取利润将变得十分轻松。

## ❋ 因势利导，在日常场景中挖掘商业机会

我们总是羡慕那些创业成功的企业家，认为他们要么拥有雄厚的经济实力，要么拥有常人所没有的运气。殊不知，这些成功的企业家只不过是遵循了一个道理，那就是"因势利导"。他们通过在日常生活场景中的细心观察，发现了市面上并不存在的商业机会。

所谓"因势利导"，逐字拆分可以这样理解。因，遵循；势，趋势；利，利益；导，引导。合起来就是"遵循有趋势的机会，向有利于实现某种目的方向加以引导"。

想要在日常场景中挖掘商业机会，离不开"衣食住行"四个字。大家不妨仔细想一下，生活中的用户有谁离得开穿衣、吃饭、住宿、出行呢？所以在生活中留心这四个方面，可以发现不少商机。

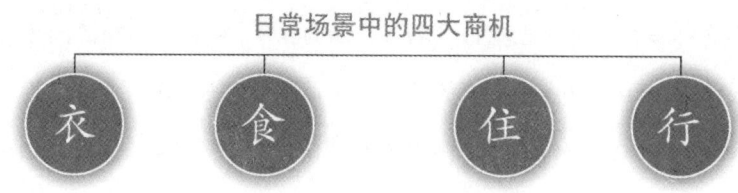

图 3-3　日常场景中的四大商机

衣，指的是穿着方面。

普通用户只会考虑自己该穿什么样的衣服鞋子，会让自己更好看、更舒服，他们将其当作一种选择，所以无法发现存在的商机。举例来说，帆布鞋大家都知道，不仅穿着舒服，而且还有防止出汗的功能。发现这个商机的人，自己本身就有汗脚。由于是汗脚，穿皮鞋的话会很不舒服，所以他到各个市场打听，有没有穿起来比较舒服的鞋子，只不过最后都失望而归。有一次在一个很远的杂货市场，他无意之中发现一个老婆婆在缝制一种布鞋，觉得质量非常不错，便购买了几双。回家之后，他突然想到，既然我有这样的汗脚，其他用户是不是也会出现这种情况呢？如果是的话，那我岂不是要发财了？在汗脚这一生活场景下他发现了商机、认准了趋势，于是创办了帆布鞋这一品牌，并且成功了。

食，指的是饮食方面。

有许多事说起来会觉得好笑，但不得不承认它们是成功的。比如有这样一句话，"第一个知道牛奶能喝的人，对牛做了什么"，很可笑吧，但牛奶你没喝过吗？再说一个例子，有一个中年妇女，在路上摆了一个摊子卖凉粉，生意时好时坏。有一天，一位顾客在她这儿买凉粉，问"是否有麻辣酱"。可能由于前一天太累了，早上没有进货，所以她很无奈地说"没有"，于是这位顾客转身就走。这件事对她的触动很大，她开始转型研究麻辣酱这一产品。若干年后，这款产品世界闻名，而它的名字想必你也不会陌生，它就是"老干妈"。在吃凉粉没有麻辣酱这一场景下，陶华碧发现了商机、看准了趋势，最后也成功了。

住，指的是居所方面。

想要在以往的日子里发现商机，肯定不是炒房，炒房的时代也已经过去。现在很多人拥有属于自己的房屋，也许在老家也好，也许在城市也好。怎么从房屋中发现商机呢？一般在老家都会拥有较大的空地或者阁楼，不妨在阁楼上修建一个水池，养殖一些比较容易存活的物种，比如甲鱼、乌龟、螃蟹等。这其实也是一种商机，总比空着要强。所以在日后修建房屋的时候，不妨多考虑考虑，怎么利用剩余地段赚取一定的金钱。在面对空旷地段这一场景下，善于发现场景带来的商业机会，也能创造额外的财富。

行，指的是出行方面。

在出行方面不用我说，想必大家都知道我要说的例子是什么。没错，就是2015年6月上线的共享单车，这个商机可以算得上是最贴近生活的场景。以往出行，长途可以通过飞机、高铁或汽车到达，短途可以通过步行达到。这两种场景，已经被完美解决。但还有这样一种场景，不远不近的出行怎么办呢？尤其是对于上班族而言，想要高薪就必须在市中心工作，而市中心的房租又非常高，为了省钱只能住在比较偏远的地方，通过乘坐地铁的方式上下班。但并不是每个上班族都能租住在地铁附近，所以从租房的地方走到地铁口也需要一段时间。作为一名上班族想必你会经常看到，地铁口有许多摩的司机，虽然乘坐他们的摩托车可以快速回家休息，但少则十几元多则二十元的价格，对于一般的上班族来说，也是一笔不小的开销。共享单车的创始人，正是发现了这一场景下的商机。骑乘单车不仅可以省钱，还能锻炼身体，对于用户来说自然是绝佳的选择。

日常生活中的场景无非就是这四种，而商机的来源也正是从中发现的。我们不用幻想自己成为马云、雷军那样举世闻名的成功人物。只要抓住生活中的这些场景，找到其中的商机其实并不难。当然前提条件是，你有没有一颗善于发现商机的眼，以及一双勤劳的手。

在这里也要告诫大家，不要因为年龄大了、别人成功了、房价越来越高了而去创业。创业没那么简单，一定要通过生活中的细小事物发现一款别人没有做而对于用户来说又有大量需求的产品，这样的商机才值得放手一搏。如果你发现了这样的商机，那成功离你也就不远了。

## 因地制宜，巧用地点场景实现用户爆发式增长

互联网上并不缺创业项目，尤其是一些加盟网站，之所以会出现这些网站，也是因为想创业的人非常多。只不过很可惜的是，创业成功的并不多。失败其实并不可怕，可怕的是失败了还不知道原因在哪儿。

先给大家讲这样一个故事。有一名创业者，想开一家属于自己的店铺赚钱。于是他在网上咨询了许多不同的项目，挑了一个自认为非常赚钱的，然后开起了加盟店。但是没过多久，他的店铺就倒闭了。后来他和我说起这件事，我问他："你知道为什么你创业失败吗？"他很不解地回道："我也不知道啊，我看到他们开的店铺都赚钱了啊。"我说："第一，听信网络宣传。网上加盟的店铺，本就带有包装的成分，你又没有真正地体验过，怎么知道一定赚钱？第二，没有营销思维。你没有任何开店的经验，又不会营销，开个门面就想等用户上门消费，现实吗？第三，不懂当地市场。相同的店铺开在不同的地方，效果也会不同。"听完我的一番解答，他恍然大悟，也明白了自己失败的原因。

有一个比较常见的现象，那就是见什么赚钱就开什么店，蜂拥而至地投进去。当然，这无可厚非，大家都想赚钱。但为什么只有少数人赚钱呢？同样的一家店，为什么别人赚钱，你却不赚钱呢？说到底，因为你不会"因地制宜"，通俗一点的解释是，你不会根据当地的情况制定相应的对策。听信加盟店销售员的各种吹嘘，就傻呵呵地交各种加盟费，你不亏钱，谁亏钱呢？

想要通过某个地点赚钱，用户才是关键。通过某些操作将用户的数量实现爆

发式的增长，才能真正赚到钱。比如：为什么许多老年人，一大早就去某些未开门的超市排队？为什么某个肉铺在晚上八点之后，顾客都蜂拥而至？是别的超市产品不好吗？是别的肉铺肉不新鲜吗？其实都不是，只不过这两家店铺根据当地的情况做了针对性的营销而已。早上超市人爆满，晚上肉铺店爆满，都是根据当地的情况制定的营销方案。老年人起得早，往往会去公园。但如果超市打出"每天前十位消费的用户打五折"的广告语，他们自然会去排队。晚上大家都要做饭，可是肉这种东西是不能放很长时间的，所以肉铺的老板想出了这样的办法，晚上八点之后所有商品五折，九点之后四折，十点之后三折，十一点之后两折，十二点之后免费送。你可能觉得都免费送了，老板得亏成啥样？但其实，现状是晚上九点之前，基本就会全部卖光。因为对于用户来说，谁会真的等到十二点之后来拿这些免费的肉呢？

以上两种情况，可能都是出于省钱的目的。但是不是每个地方都能通过省钱来吸引用户呢？答案是否定的。

以医疗行业中的医院为例，假设我们现在经营着两家医院，这两家医院分别开设在不同的城市。医院同样要赚钱，那么这两家医院所经营的手段是否一致就成了关键。

之前说过，两家医院设在不同的城市。我们假设第一家医院在首都一线城市，第二家医院在四线小城市。一开始经营的手段均为以低价检查吸引患者，但结果却大不相同，四线小城市通过这种方法吸引的患者是一线城市的5倍还要多，这是为什么呢？

答案就是地点不一样，当地的用户群体的需求也不一样。一线城市的患者求医看病，会在乎价格吗？他们在乎的是先进的技术、专家的能力。因为他们根本不差这点钱，相反他们会怀疑这么低的价格是不是正规医院。但是四线城市的用户却不一样，这里大多数都只是平民百姓，在这里有些人甚至会认为钱比命更重要。所以当他们看到低价检查的时候，自然就来了。

后来这两家医院负责人发现了这一问题，开始对一线城市的医院进行营销方向的调整，将低价检查的物料下线，提升了价格，并重点推出医院的历史、引进国外的先进技术以及专家的各项资质，等等。一个礼拜之后，患者的预约和到诊翻了数倍，利润也可想而知。

从上面的例子可以发现，一线城市和四线城市，是两个不同的地域。区别也十分明显，一线城市富人更多，所以不能用低价作为营销的首选，他们更注重技术；而四线城市富人较少，他们也接触不到较高的技术，只是想花更少的钱，治好身上的疾病，所以用低价来吸引患者是最好的选择。

医疗一直是一个饱受争议的行业，之所以举这样一个案例，是希望大家能够更加清楚，哪怕相同的行业或产品，因为地点这一决定性因素的不同，所使用的营销方法也必将大不一样。所以大家在运营某些项目的时候，一定要记住抓准当地的市场行情，做出符合当地人群的运营方针，才能真正使用户数量产生爆发式的增长，才能真正为企业带来利润。

## ✸ 搭建文化场景，传播商业信息

如今手机的重要性已经不言而喻，它不仅是我们个人的私有工具，也是人与人之间重要的社交"器官"。现在人可以一天不吃饭、不睡觉，你让他一天不玩手机试试？移动互联网的发展，诞生了各种各样的App，而这些App都可以称为一个场景，比如微信、陌陌、知乎、微博等。不同的产品适用于不同的场景，并且不断改变着用户的生活，而用户也通过这些场景，帮助企业传播商业信息，让更多用户使用其产品。

现在最重要的商业模式，就是场景化营销。怎样才能搭建一个完美的文化场景呢？想要搭建场景，必须同时具备四大要点：第一，用户体验；第二，终端链接；第三，社群文化；第四，数据整理。

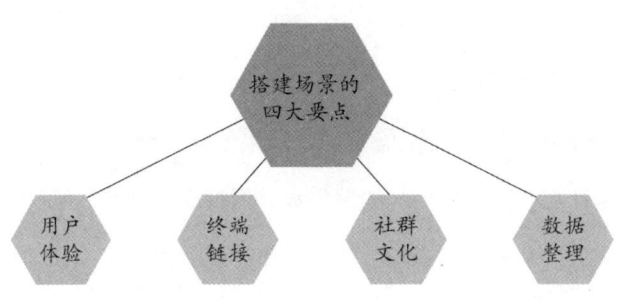

图 3-4　搭建场景的四大要点

用户体验。这是一切运营的核心。如何提升用户体验一直是企业关注的重中之重，也是商业运作的首要基本准则。企业可以针对用户体验，通过扩大范围，对当前的产品进行多方面的重塑和改造，进一步提升场景化营销的力度。

终端链接。现在是各种角度都碎片化的年代：碎片化时间、碎片化游戏、碎片化管理。为了让场景也更加碎片化，在传统互联网只能与终端形成链接的前提下，企业可以针对移动互联网的时代，进行终端链接的重组。

社群文化。如今每个人都拥有各种各样的社群，其核心原因在于社群可以快速获得用户想要的信息，并且融入进去，不会让用户觉得孤独。其次，社群能够快速带动群众，推动信息的传播。比如，发布一篇有价值的商业信息，用户如果觉得有用，自然会帮助我们分享传播。通过社群文化，刺激用户帮助企业传播商业信息，是社群场景的关键。

数据整理。千万不要小瞧数据的力量，通过对数据的整理和分析，可以直接决定企业未来的发展方向。尤其是现在以大数据推动社会发展的今天，数据已经成为推动商业信息传播的重要引擎。

利用以上的四大要点，构建场景文化传播的企业其实非常多。比如：用户处于查找信息这一场景的时候，会想到百度，百度成了连接人与信息的产品；用户处于购物这一场景的时候，会想到淘宝与京东，淘宝和京东就成了连接人与商品的产品；用户想要点外卖等生活服务的时候，会想到美团，美团成了连接人与本地生活服务的产品。当然还有像"罗辑思维"连接了人与思维，微信、QQ连接了人与人，而腾讯则负责连接所有，形成了数不胜数的文化场景。

我们都十分清楚，腾讯的微信支付之所以能赶超阿里巴巴的支付宝，其关键点是微信是一款社交软件，是用户的聚集地。但换个角度想一下，用户使用微信其实也是在希望交流、互动这一场景下才会使用。如果大家既不互动，也不交流，那微信还有存在的价值吗？

所以没有场景，就不会有任何社交产生，更不会有互联网上各种分享功能的产生。场景定义了我们的人生规划（通过接触不同的人和事），定义了想要付费的行动（为知识付费），也定义了我们全新的生活方式。

无数成功的企业告诉我们，未来用户的生活将会被场景所定义，未来商业的运营模式也将会由场景来搭建。未来一定是高利润的商业产品，通过搭建属于企业自己的文化场景，并以此来传播到更多用户手中，进行获利的时期。牢牢抓住场景给我们带来的趋势，行动起来吧。

# 第四章
## 裂变是果，内容是根

## 内容为王的时代再次来临

在SEO的时代曾流传着这样一句话:"内容为王,外链为皇。"这句话曾经席卷了整个互联网,但那只能停留在传统互联网时代。几年前,这句话就已经不再流行了。主要原因是曾经的网络媒体抓住了SEO的鼎盛时期,并且获得了非常高的权重。通过高权重带来的流量,已经彻底将内容为王的时代给抹杀。传统的互联网运营人也坚信依靠内容获得高排名、庞大流量以及利润的时代已经成为过去。

但随着移动互联网时代的到来,用户不再使用电脑查询自己想要的信息,而是通过手机这一工具。紧接着自媒体、新媒体以及社群等平台的诞生,用户越来越喜欢全新且有价值的内容。因此我们不得不承认,内容为王的时代再次来临了。

无数事例和大量事实告诉我们,如果企业不具备足够的资金去做付费推广,最好的选择是做内容,挑选当下最火爆的自媒体平台,雇用几个高超的文案写手,进行内容营销。只不过这些写手不仅要具备丰富的写作经验,还要拥有足够的市场敏感度。

所谓内容为王,并不是单纯地将他人写好的文章进行伪原创,更不是复制粘贴直接发布到自己的平台。这样的内容毫无价值,甚至可以说是浪费时间。真正的内容为王需要具备四大要素:第一,原创力;第二,追热点;第三,抓痛点;第四,神转折。

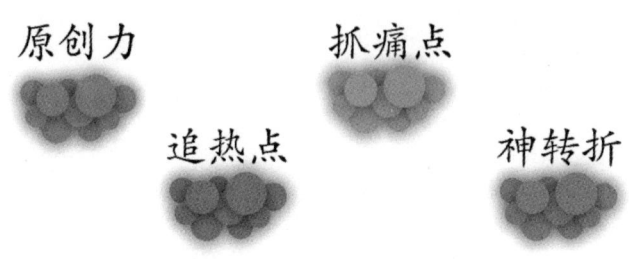

图4-1 内容为王的四大要素

原创力,指的是所撰写的内容一定要有自己的思路,可以整理收集,但一定要通过自己的语言表达出来;追热点,在收集素材的时候,多关注一些热点新闻,凡是能够结合产品的信息,都能为己所用;抓痛点,这里的痛并不是疼痛的痛,而是用户内心深处共鸣的痛。用户是有情感的,他们有自己的想法,只要所撰写的内容达到了用户内心的想法,必然会引起共鸣,自然就会帮我们传播了;神转折,则是在不知不觉中让用户读完我们的广告,回过神来之后还不禁为之叫好的高超技巧。

只有具备以上四大要素,才能真正发挥出内容为王的价值,才能真正通过内容获利。当然如果我们的文案是高超的段子手,则只需要具备其中两点就能成功打造绝佳的内容。

内容可以分为两种,第一是视频,视频制作起来稍显复杂;第二是文章,比较简单。文章也可以分为两种,一种是长篇,通过软文营销的模式;另一种则是以段子形成的短篇文案。

说到文案界的高手，有两大企业值得我们学习。一是杜蕾斯，二是江小白。抛开杜蕾斯不谈，我们来看看江小白文案的成功之路。

江小白大家都不会陌生，它是什么？是一瓶白酒，哪怕你没喝过也应该听说过。在江小白问世之前，白酒的市场被五粮液和茅台两大巨头占据。但在江小白成功上市之后，白酒市场俨然有一种三足鼎立的感觉。而江小白又以迎合现代年轻人的文案风格，有了赶超两大巨头的趋势。

对于年轻人来说，喝白酒的极少，一般会喝红酒或啤酒。然而生产白酒的厂家却不这么想，他们觉得白酒才是真正的酒。之所以白酒的市场越来越难做，是因为年轻人不懂白酒。不过江小白却反其道而行之，提出了一个全新的理念："不是年轻人不懂白酒，而是白酒不懂年轻人。"

白酒还是那个白酒，但为什么能在五粮液与茅台等巨头的眼皮底下取得颠覆性的成功呢？这完全归功于那一篇篇走心的文案吸引了众多的年轻人，使哪怕不懂白酒、不会喝白酒的人都有一种想要尝试的心理。

江小白的成功并不是依靠庞大的资金砸广告砸出来的，而是将最简单的内容做到了极致。他们所写的文案针对的正是当下年轻人的状态，尤其是"80后"和"90后"这两代人，他们正处于人生中最大的压力下。

而江小白的文案，正好刺痛了他们的内心。通过一段段原创的内容，江小白仿佛在告诉用户，"我"懂你，"我"能体谅你的心酸，"我"能明白你的痛楚。用户也欣然接受了这一段段话语，加上互联网社群环境下的快速分享、裂变，迅速将江小白打造成了一款适合当下年轻人的白酒文化产品。

江小白的成功告诉我们，内容为王的时代再次来临，高价值的原创内容才是真正吸引用户的关键。既然原创内容是吸引用户的关键，那么在竞争如此激烈的互联网环境下，学会把握互联网上的实时热点，抓住用户的心理需求，撰写符合当前趋势下的原创文章将成为重中之重。而这些文章，也将是社群裂变的最佳武器。

想要写好内容，其实非常简单。只要你能把握当前的形势，努力开动自己的大脑，不断前行，在不久的将来，必将结出丰硕的果实。

## ✳ 有态度的内容，聚合价值观相同的人

人之所以各不相同，除了肤色、种族、性别和国籍之外，还有最为重要的一点，那就是价值观。每个人的价值观不同，造就了各自不同的人生。同样，企业在做内容的时候也是一样，有的用户喜欢搞笑的内容，有的用户喜欢八卦的内容，有的用户则喜欢富有学识的内容。所以搞笑的人聚集到了一起，八卦的人有了自己的群体，好学的人也有了自己的圈子。但不可否认的是，这些内容产生的背后都包含了作者真诚且用心创作的态度。

所谓有态度的内容，就是十分明确用户的需求。在做社群运营的时候，如果内容写得十分随意，根本无法达到用户想要的点，姑且不说产生裂变的效果，连基本的点击和阅读量都无法保证。

一篇有态度的内容，不仅能够展现一个出色的文案写手的写作功底，更能让用户产生分享的欲望。在这个各种平台都带有分享功能的移动互联网时代，只要用户觉得内容足够好，让他们动一动手指就能让更多用户看到，对于社群运营来说是十分重要的。

社群是一个圈子，圈子并不是一开始就建立的。就目前来说，社群的类型可以分为四种：产品型、兴趣型、品牌型、知识型。圈子的类型虽然有很多，但无一例外，这些圈子都聚集了价值观相同的用户。他们或许钟爱某款产品或酷爱某项运动，又或是某家品牌的忠实用户，甚至是为了学习某项专业知识。这些用户通过在互联网上查找自己想要的信息，并且发现运营人所留下的联系方式，比如QQ群号、微信账号、论坛网址等，最终加入运营人创办的社群圈子，并成为其中的一员。

作为社群运营人和普通用户有着本质区别，普通用户想的是怎么加入自己喜欢的圈子——加入哪个圈子对于用户来说并没有太大的影响，因为此时的用户是盲目，他们不会判断圈子的好坏。而作为运营人，需要考虑的则是怎么吸引更多的用户加入自己的圈子。

这一切的根源，就是内容。简单来说，如果我们在搭建一个关于社群运营的学习圈子，就必须让用户在最初浏览所发布内容的时候，觉得这篇文章有意义、有价值，并且作者是用心有态度的；能够让用户觉得，看一篇文章就能学到知识，加入这个圈子一定能学到更多的知识。

做社群运营，无论是个人的自媒体圈子，还是企业的产品圈子，最终目的都是一样，让更多的用户知道我们的内容或产品，并让他们主动分享出去，最后让用户产生消费的行为。这种消费行为无论是为自媒体人的知识付费，还是为企业的产品埋单，其结果都是为了获利。

生活中随处可见各种各样的人才，而作为内容的创作人才来说，也分为很多种。比如擅长写产品文案的、擅长写软文营销的、擅长写故事的、擅长写小说的，等等。不要觉得这些人天生就会写这些东西，其实他们都是后天练出来的。

有这样一位朋友，他从小对文字就没什么兴趣，也不相信自己会踏上写文章并且通过积累粉丝赚钱的道路。2014年刚刚创业的他，心态十分浮躁。为了控制自己浮躁的心，他开始写文章。他最初只是写一些简单的日记，将每天发生的事记录下来。后来他想如果将自己写的文章发布到网上会怎么样呢？于是他开始将所写的文章发布到各个可以投稿的平台，并留下自己的联系方式。慢慢地，他开始有了读者，读者对他进行赞赏，这给了他写下去的动力。之后，他的文章越写越好，在文笔上更是成功地学会了抓新闻热点、写用户痛点的技巧。

2014年底，他逐渐有了一些名气，开始被一些大型平台约稿，并收取一定的稿费。

2015年，他开始组建自己的微信圈子，并将自己的心得写下来，免费分享给读者。一开始会强调让读者帮忙分享出去，但慢慢地，他发现如果自己写文章的时候足够用心、态度足够好，价值观与读者也能产生共鸣，哪怕自己不强调，读者也会主动分享出去。

2016年，自媒体开始火爆，他顺势而为，写下了许多如何通过自媒体获利的文章，并且在圈子里开始进行收费服务。

2017年，他开始被出版社约稿，出版了关于互联网运营的书籍，并且名气越来越大。

时至今日，他已经成为内容营销圈子里的名人，并且成功赚了不少钱。

这位朋友并不是大型企业的运营牛人，几年前也只不过是一个创业者。但经过时间的打磨，他已经彻底成为另外一个人，无论是思想还是成就，都得到了质的飞越。而这一切，都是撰写原创内容给他带来的。

作为运营人，真的不用担心自己不能写出好的文章。这是一个过程，无论现在的你是一名初级运营也好，文案写手也好，甚至是自媒体新人，你都不用担心。拿出一颗认真对待每一篇文章、每一个文字的心，必然会在不久的将来写出让用户为之心动的内容，并且拥有一群和自己价值观相同的读者粉丝。对于读者来说，阅读一篇顺畅的、有态度的文章，是一种享受。而如何让用户拥有这种享受的感觉，正是我们需要学习的。

## ✺ 内容营销，规划比生产更重要

有一位年轻的自媒体人，他去请教一位业界成功人士，问道："老师，我每天都在写文章，可为什么就是没人看呢？"老师说："那你每天花多长时间写呢？"他说："差不多半个小时，已经坚持半个月了。"随后老师看了一下他发表的文章，感觉非常差，要么是纯流水账，要么就是发牢骚，完全没有核心思想。而且写了不到半个月，就希望有许多人看，这根本就不切实际。一篇文章的内容随随便便就能做好，而且还能赚钱获利，岂不是人人都去做了？如果现在的你也有这样的思想，那证明未来还有很长一段路要走。

都说内容能赚钱，现实已经明确地告诉你这是真的，尤其是现在出名的自媒体人，他们哪个不赚钱？只不过内容并不是直接赚钱，文字是无法变成钱的，但是营销却能。所以我们不难发现，在互联网上出名的作者，都具备丰富的营销经验，比如王通、江礼坤、卢松松等。

内容谁都能生产，但能生产出优质的内容却不是每个人都能做到的。不要觉得为什么有些人的文章一发出来就能轻松获得10万+的阅读量，而自己的却始终只有那么几个。这是因为他们已经形成了固定的写作思维，更读懂了用户的需求。他们非常清楚用户想要阅读什么样的文章，加上资源和渠道的结合，自然轻而易举就能做到，只不过这一切都是经验和积累带来的。但现在的我们并不具备这些经验，那么又该怎么做呢？答案只有两个字：规划。

只有规划好，才能写出让用户喜欢的爆款文章。明确细致地规划内容，远比只会拼凑打字地生产内容要重要得多。

一篇文章常规一点来说，主要由标题、正文和结尾三部分组成。但如何通过这三部分成功吸引用户才是关键，所以就需要进行规划。大家不妨试想一下，在不了解用户所想、不了解内容定位、不了解文章是否符合当前市场的情况下，创造出来的内容能是好的吗？

举个例子，在每年的高考季，高考都是热门词。而作为文案写手的你，却在此时依然坚持写一些明星八卦的文章，你觉得合适吗？

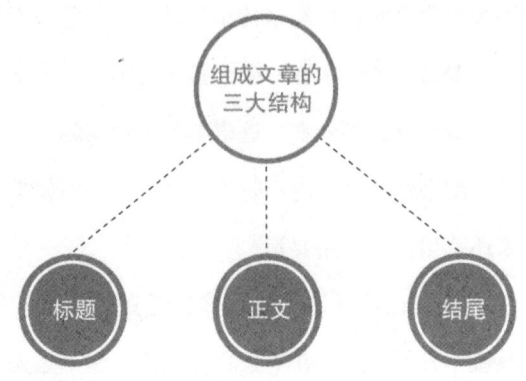

图 4-2 组成文章的三大结构

有人说内容是死的,它不过是一个个生硬的文字,不具备任何"攻击性",这个确实不假。但如果内容加上营销,那就完全不一样了,它会成为一件具有大规模杀伤力的武器,这就是营销的魅力。不要轻易地认为自己不会被营销,其实营销无处不在。比如,有些人看了一篇文章,添加对方为好友;看了一段视频,关注对方的公众号,这都是营销,哪怕我现在在本书中提到一个人名,只要你去百度搜索这个人名,你也被营销了。所以一定要记住,营销是无处不在的,任何一个能够为我们带来流量的方法,都可以称之为营销。

千万不要觉得自己非常聪明,认为自己不属于那种只会傻傻生产内容的人,这种想当然的思想早断早轻松。一个人想要成功或者赚钱,尤其是通过人人都能创造的内容赚钱,规划也是很重要的。

虽然笔者是一名已经写了多年文章的作者,并且拥有不少读者和粉丝,但在写作的领域依然有值得佩服的人。首先,我不会佩服老舍、朱自清以及鲁迅这样的名人作家,因为他们相较我们这些普通人而言,太过遥远。我会佩服一些身边最熟悉的人,而小Z就是这样一位80后的"前辈"。

"××日记"是他在互联网上的标志,他最令我佩服的地方是时至今日已经写了长达十一年的文章。大家可能会认为他已经成了人生赢家,没错,他通过文章已经赚了数百万，确实是人生赢家。但是你所不知道的是，之前他写了七年，一分钱都没赚到。直到2014年，遇到了一位营销高手，才让他获利无数。这位营销高手为他精心规划了属于他自己的营销方案，将这一曾经的草根推上了互联网圈子的顶端。

这就是规划的好处，就是营销的力量。会写文章但不懂营销规划的作者大有人在，同样，只会营销不会写文章的运营人也比比皆是。只要结合在一起，获利将会变得非常轻松，这就是内容与营销结合带来的好处。

可以肯定地说，如果小Z没有遇到这位懂得营销规划的人，他真的只是一名单纯生产内容的作者罢了。只不过他写的时间更久、积累的读者更多而已。但是对于一个拥有数十万读者却无法变现的作者来说，这些读者有什么价值呢？

这是一个抱团且互相扶持才能走得更远的时代，如果现在的你还不具备任何一项能力——无论是生产内容，还是规划营销，请不要着急，现在开始对内容进行深入研究也并不晚。如果你现在已经具备了其中任何一项能力，只要找到与之相匹配的人才，从内容中获得利益也是早晚的事。如果你现在已经具备了这两项能力，那么恭喜你，你已经在内容营销这一领域取得了巨大的成功。

内容生产是死的，营销规划是活的。不要做一个只会生产内容而不会营销的运营人，哪怕你能写出篇篇都好的文章，如果不会规划、不会宣传，最终也只是白费功夫。

## 做用户想要的内容才能扩大影响力

"对症下药"这个词是根据名医华佗的典故而来，我们要学习的自然不是这个故事的内容，而是明白这句话背后的含义。对症下药主要是指针对不同的病情给予不同的用药标准，以此来治疗疾病。其实华佗的对症下药和我们做内容是一样的，只不过华佗的对象是病人，而我们的对象是用户。

作为资深的运营人，每次在带项目的时候，他们都会重点强调用户需求，用户需求是极其虚无但又至关重要的一个部分。所谓用户需求，说得明确一点就是知道用户想要什么。

只有真正了解用户想要的是什么、想看什么样的内容，作为运营，才能有针对性地去创造内容，最大限度地吸引用户阅读，以此来扩大产品、企业以及品牌的影响力。文章内容大家都能写，但有多少作者是为了自己的用户而写的呢？我将对文章内容的创作者分为三个层级：文案新手、中级文案、高级文案。

刚入门的文案新手，大多处于一种茫然的状态，估计连想要写什么内容都不知道；中级文案写手，虽然已经具备了一定的写作功底，但处于这个层级的作者，更多的是通过追热点的方式来获取较高的流量；只有极少数的高级文案，才会用心针对自己的用户去撰写他们想要的内容。

那么怎么才能知道用户想要什么样的内容呢？我们需要从根源上入手。用户想要看内容的目的是什么？弄清楚这个目的是什么，自然就能知道用户想要看到的是什么了。

一般来说，用户喜欢看四种类型的内容：第一种，段子笑话，目的是为了让自己开心；第二种，娱乐八卦，目的是为了融入圈子，尤其是女性；第三种，人生励志，目的是为了让自己更有动力；第四种，专业知识，目的是为了通过学习之后赚取金钱。

图 4-3　用户想要的内容的四种类型

只要牢牢抓住以上四种类型其中的一种，并且持之以恒地深入研究下去，久而久之，就能发现这一领域里的用户更加喜欢什么样的内容，最终取得突破性的收获。不过千万不要贪多，好高骛远是大忌，不要盲目地认为自己对这四种类型都能驾驭。一个不具备多年写作经验并且涉猎不广泛的作者是无法真正做到这一点的。

我们在做社群运营的时候，一定要牢牢记住用户想要的是什么。这需要通过长时间的积累和分析、对用户数据的反馈收集才能实现。举例来说，我们可以在社群内做一次投票活动，以此来了解社群里的用户更希望看到什么样的内容。只有真正读懂用户想要看什么样的内容，才能提升个人以及企业的影响力，这是我们通过内容实现社群裂变效果的必经之路。

## 选好标题，读标题的人比读内容的人多四倍

现在想要用户去阅读一篇文章，第一要素不是别的，就是标题，如果标题都不吸引人，用户是绝对不会有点击的欲望的。根据不完全的数据统计，读标题的人数是读内容的人的4倍。也就是说，如果标题写得足够好，阅读量将会与曝光度持平，甚至可以达到100%。但如果标题写得一般，阅读量将只有曝光度的25%。在阅读量下降75%的前提下，别说最终转化了，就连最基本的流量数据都会十分难看。

这样一来，标题的重要性就体现出来了。我们不难发现，互联网上充斥着各种文不对题的内容。用户看了标题进来，兴奋地点进去，却在浏览完内容之后显得十分失望。于是乎"标题派"这个词出现了，所谓标题派，其实就是那些为了吸引用户而将标题设置得十分虚假的人。他们会用夸大、引诱以及让用户产生好奇心理的标题，促使用户点击文章的内容。

作为用户来说，标题派是极其让人厌烦的。但作为运营人来说，尤其是针对内容营销的文案而言，标题派却十分值得学习。如果说内容营销里内容的好坏是决

定企业转化高低的来源，那么标题则是转化的入口，试想一下，如果用户连入口都不想进，又何来后续的转化呢？

笔者对标题派其实抱有两种不同的态度，这主要取决于撰写文章的角色是个人还是企业。如果是个人自媒体，纯粹只是为了流量，通过流量赚取一定的广告费，那标题派这一称谓是十分适合的，人们也比较认同这一点。但如果你现在是一名为了企业获得更高利润的文案编辑，那么，标题派只是一个入门而已。除了学会撰写出吸引用户点击的标题之外，还应具备配得上这些标题的内容。这样才不会给企业抹黑，才能真正通过内容为企业赚到利润。

其实，想要成为一个优秀的标题派非常简单，而且方法也比较多，当然具体的效果则需要大家在创作的时候灵活运用。下面为大家介绍八种经常使用的一些标题撰写的方法，分别是对比法、悬念法、最字诀、疑问法、标签法、故事法、态度法以及名人法。

第一种：对比法

所谓对比法，就是拿出两种不同的状态进行对比，以此来突出某种状态更好。

生活中总是会遇到一些懒散的人，难道他们就不想努力上进吗？其实他们也想，不过他们很难做到。因此我们可以写出这样的标题：《比你优秀，比你帅气（美丽），收入还比你高的人比你还努力》，必然可以获得大量点击。网上经常会出现一些别人家的情况，比如别人家的食堂、别人家的年会、别人家的爸妈等，都是对比法的常用技巧。

第二种：悬念法

所谓悬念法，就是让用户产生好奇心，用户只有有了好奇心才会有点击的欲望。

2013年有一段短视频以惊人的速度迅速火爆互联网，它就是《万万没想到》，可以称得上是短视频界的鼻祖。同样我们可以借用这句话的魔力，写出各种各样的标题。比如《万万没想到，他是这样的人》《万万没想到，中国100年居然如此鼎盛》，等等。当然，设置悬念的方法还有很多，只要是能激起用户的点击欲望的标题，都可以称为悬念法。

第三种：最字诀

最好、最高、最大、最美，凡是与"最"字相关的内容，都能吸引用户点击。

用户往往会对"第一"也就是"最"字的称谓印象深刻，但对第二名却知之甚少。所以我们可以写出这样的标题，比如《日本评选出百年一遇的最美女人》《社群营销：最好的书原来是这本》等。

第四种：疑问法

疑问法一般以"为什么"以及"怎么做"为开端，目的是为了帮助用户解决问题。

当用户在学习社群裂变的时候，心中必然充满了许多疑问。所以我们可以列出这样的标题，比如《为什么要学习社群营销》《社群营销该怎么做》等。

第五种：标签法

所谓标签法，就是给一些常见的、大家耳熟能详的事件下定义。

草根、土豪、贵族等标签随处可见，当然也有强迫症、处女座这样的标签。所以我们的标题可以这样写，比如《具备这几大特点，草根无疑就是你了》《土豪与贵族原来只有一线之隔》《甩掉强迫症，生活更轻松》等。

第六种：故事法

故事分为两种，一种是真实的，一种是虚构的。但目的都是一样的，那就是吸引用户点击。

记得"非诚勿扰"上有一位男嘉宾，被灭了24盏灯。但若干年之后，他却逆袭了。当时众多媒体纷纷报道了这样的标题《"非诚勿扰"被灭24盏灯的小伙，如今已经身家过亿了》。这是真实的故事，只不过也有虚构的，比如我之前写过的《兔子对乌龟说你慢点别急，最后乌龟饿死了的悲惨故事》。

第七种：态度法

态度法其实就是前面章节所说的，文章必须有自己的态度和观点，不要轻易随大众。2015年互联网上曾出现这样一篇文章——《淘宝不死，中国不富》，当时所有人都纷纷赞赏。不过有人却发现了不一样的角度，写了这样的一篇文章《淘宝死了，中国也富不了》，在今日头条上也获得了数十万的点击，这就是摆明自己态度的最好方法。

第八种：名人法

名人效应是非常强大的，尤其是对于一些热门的明星而言。

2016年包贝尔结婚，当时贾玲做了一件让所有人都为之赞赏的举动。随后众多作者抓住这个机会，写出了一系列关于贾玲的文章。比如《贾玲救柳岩的背后其实涉及许多人际关系》，获得大量点击，这就是借助了名人效应。再比如马云的经典名言，《今天你对我爱搭不理，明天我让你高攀不起》等。

通过对以上八种标题例子的学习，相信大家对案例中的标题都有一种点击的欲望，其实这就是标题派的成功所在。针对不同的热点新闻、人生感悟、创意思维等题材，借助这几种方法，经过不断的实操和磨合，在不久的将来相信你也能写出让用户看到就想点击的标题。

## 稳定而持续的输出：王者的必经之路

很少有人能够真正做到靠一件事而成名一辈子。当然你或许会说六小龄童不就是吗？但那只是个例。而且六小龄童也出演过不少其他的电视剧，扮演了许多其他不同的角色，只不过83版西游记里的孙悟空太过经典罢了。所以我们不难发现，哪怕是肯德基这样庞大的企业，也会时不时地生产新的品种、打出新的广告，以此来吸引用户的目光，这就是持续输出。

做内容更是如此，有许多知名的作者，他们虽然所写的内容方向不一样，但都具备一个共同点，就是每天都会更新一篇甚至多篇原创文章。短的写了一两年，长的达到了十数年之久。虽然有的已经能够通过写文章让自己衣食无忧，但他们依然坚持写下去。不要忘了，没有任何一件事是一蹴而就的。越成功的人，越是通过稳定而持续的输出才做到的。

想要在某个领域取得巨大的成就，没有任何轻松的捷径。用户是健忘的，更何况是一篇文章呢？今天某位用户看到了我们所写的文章，关注了公众号。但明天、后天、大后天，公众号都不再更新文章，那我可以很肯定地告诉你，取消关注是一定的，遗忘也是必然的。

在稳定而持续输出的道路上，大家也会遇到这样三个核心的问题：时间问题、题材问题、耐心问题。但是不用担心，下面我为你一一解答。

首先是时间问题：时间不够怎么办？

在解决这个问题之前，你先问一下自己，是否处于一种24小时都在工作的状态。如果你现在还能看到这本书的话，肯定你不是很忙的人。所以如果你有时间逛淘宝，有时间打游戏，有时间出去约会、泡吧，却没时间写文章，问问自己，这现实吗？

其次是题材问题：题材没有怎么办？

如果你在考虑题材不够的问题，那只能说明写的还不够多。题材其实就在我们的脑海里，只要我们勤动手、多动脑、善思考、勇阅读，题材自然会越写越多。只要你开始动笔，那就有了方向。沿着这个方向，不断地去研究和学习，必然不会没有题材。

最后是耐心问题：没有耐心怎么办？

没有耐心是人的通病，但是所有成功人士之所以成功，都是渡过了没有耐心这一关。如果你能将写文章当作一种习惯或享受，那自然是十分开心的一件事。但如果你将写文章当作是一种任务，逼迫自己去完成任务，放弃也只是时间问题罢了。

所以这三个问题并没有想象中那么可怕，只不过你还没有进入到这个层次罢了。要相信时间挤一挤总会有的，题材看一看也会有的，将写作当成一种享受，没有耐心这一关也会不攻自破。

有一位朋友，六年前他写文章的初衷其实很简单，就是为了打发时间。当然这个前提是他不逛淘宝、不打游戏，也不约会，所以时间非常充足。但慢慢地，他发现，他写不出文章了，遇到了瓶颈。

他觉得自己每天写的文章毫无特色，于是买了大量书籍，关注了N个不同写作方向的公众号，开始了他的仿写之路。每当他觉得看到的文章能够引起共鸣的时候，都会将其保存在收藏夹里，等有时间的时候便将其仿写下来。通过改变原创作者的写作手法、故事情节，让它变成属于自己的文章。所以哪怕现在过了六年之久，他的收藏夹里还堆积着写不完的题材。

在他最初写文章的时候，有一个小插曲。在他坚持撰写文章不到一个月的时间内，至少不下五个人和他说过，说他写不长久，说他是三分钟热度，很快就会放弃。当时他并没有反驳，同样也没有质疑自己能坚持多久。就这样他写了半年之后获得了一定的关注，知道他的人也越来越多。而当初说他写不长久的那些人，早已消失在他的圈子里。

时至今日，这位朋友写了整整六年文章，在保证每日更新一篇原创的前提下，不完全统计所写的文字也已经超过了三百万。出版的书籍也有数本，爆款文章更是不计其数。当然他涉猎的领域也十分广泛，从励志腹黑、创业生涯，到营销技术，再到团队管理都有所涉及。对于他来说，六年的时间看似十分漫长，其实也不过弹指一挥间。未来的六年也是，很快就会过去，为了迎接那一天的到来，他告诫自己必须一直写下去。

这个案例是很多作者最真实的写照。其实我们不用担心自己做不到，连做都还没有做，你怎么知道自己做不到呢？坚持每天撰写文章，发布到不同的渠道，收到不同读者的评论，有赞赏、有谩骂也是十分正常的事。

如果你也想要成为一名通过撰写文章内容就能获利的写作者，那就不要有太多顾虑。坚持每天花上一到两个小时撰写1500字左右的文章，让自己浮躁的心平静下来，用心去撰写每一个字。坚持21天（21天养成一个好习惯）之后，你会发现写文章已经成了你生活中的一部分，假以时日，"大咖"这一称号或许也将成为你的囊中之物。

## ✳ 让内容多飞一会儿：社群传播的长尾效应

在我们的生活中有这么一些常见现象，有钱人永远是少的，上进的人永远是少的，以至于推动社会进步的人也是少的。这些现象形成了一个定律，我们将其称为"二八定律"。该定律的核心在于"少则精，多则滥"。它的出现曾风靡全球，但凡事无绝对，任何事都有两面性，二八定律也不例外。与之对立的则是"长尾效应"，长尾效应的核心在于"多则优，少则乏"。通俗一点可以理解为，再细小再没有价值的事物，只要结合起来就能超越那些价值非常高的事物。

长尾效应在许多领域都被广泛运用，比如网络营销领域，长尾关键词流量的总和一定大于核心关键词。以"英语"该关键词为例，每天会有许多用户搜索，流量巨大。但搜索"英语培训多少钱""英语培训机构哪家好""GRE等级培训"等，这些关键词的用户也不少。并且搜索这些关键词用户的流量总和要大于"英语"这个核心关键词。再比如汽车销售行业中的法拉利与比亚迪。法拉利作为跑车中的优秀代表，知名度远胜比亚迪，但一般人根本买不起，销量也不多。比亚迪作为一款大众型汽车却深受广大用户的喜爱。如此一来，比亚迪每年的利润其实远超法拉利。这些都是长尾效应的最好证明。

我们再来说内容领域，为什么作者要每天创作全新的内容？为什么不能通过一篇文章就让用户铭记于心？主要原因有两个：第一，用户是健忘的，对于印象并不深刻的事很容易忘记；第二，内容热度保持的时间并不长。因此为了让用户对我们的内容印象更加深刻，我们需要让内容多飞一会儿，而方法正是社群传播中的长尾效应。

社群中的长尾效应其实很好理解，当我们建立社群之后，尤其是内部分享群，往往会在第一时间将内容分享给群里的成员。这些成员能为我们快速带来流量，但这样还并没有结束。我们还有许多其他的分支社群，更有互联网上的各种平台。而这些分支社群和平台，正是核心社群的长尾。借助这些长尾，不仅能够提升内容的阅读量和曝光度，更能提升内容的持久热度。

图 4-4　社群传播的核心与长尾

通过上图我们可以看到，核心社群为微信群，方便管理成员，促进成员的凝聚力。如今大家都会将内容首发在微信公众号，并直接分享在微信群。虽然微信群能够快速获得大量的阅读和曝光，但不可否认的是，很快就会被大众所遗忘。这个时候社群"长尾效应"的作用就出来了，为了让内容传播得更远一点、飞得更久一点，使用剩下这些对于运营者自身来说并不核心的渠道将至关重要。

在许多平台上我们都会看到这样一个词——"首发"。首发主要是站在SEO的角度而言，将高价值的原创内容首发在某个网站，将会给该网站带来巨大的流量。所以许多企业如果有自己的网站，往往会将原创内容首先发布在自己的平台上。

但由于自己平台的用户较少，曝光度较低，发出去的文章哪怕价值再高，也无法获得长期的关注。所以，为了进一步增加内容的曝光度，他们纷纷注册一些其他平台，比如新浪博客、豆瓣、简书、搜狐自媒体、百家号以及各大论坛等，并在这些社群类平台上第二次发布文章的内容。

虽然这些社群平台并不属于自己的核心，但由于这些平台具有排名好、用户多、流量大等优点。比起核心社群来说，在这些平台上发布的内容带来新增用户的数量将比自己的平台要高得多。

这是如今营销人惯用并且双赢的一种方法，作为营销人可以在平台上曝光自己的内容，引导用户进入核心社群。作为平台，有源源不断的高质量内容更新，也能提升更多用户在平台上的停留时间。

因此，社群营销想要通过内容产生持久效果，必须让内容在互联网上曝光的时间最大化。切记要多多收集能够带来更多流量的长尾社群渠道，灵活运用这些长尾社群，在符合当前时机的条件下，在这些平台上发布原创内容。只有这样，才能真正做到让内容多飞一会儿，才能真正发挥出社群传播中长尾效应的威力。

## 第五章

# 引爆社群裂变的大众传播法则

## 解构社群传播：社群的五大构成元素

要想真正了解社群营销是如何进行裂变传播的，我们首先要知道什么是社群。许多人对社群的理解可能是：有着相同爱好或在固定圈子里做着同一件事的某群人。但这个理解未免失之偏颇，比如喜欢球类运动的用户非常多，有的喜欢篮球，有的喜欢足球，他们属于一个社群吗？每天有许多白领去公司上班，有的选择坐地铁，有的选择坐公交，他们也属于一个社群吗？这些都不能定义为一个社群。

所以并不是任何一种情况都能称之为社群，根据互联网多年的市场变迁，对社群的构成也有了一定的定位，某个圈子想要真正被称为社群，需要满足以下五大元素：同好（Interest）、结构（Structure）、输出（Output）、运营（Operate）以及复制（Copy），在社群的圈子里，它们也被统称为"ISOOC原则"。

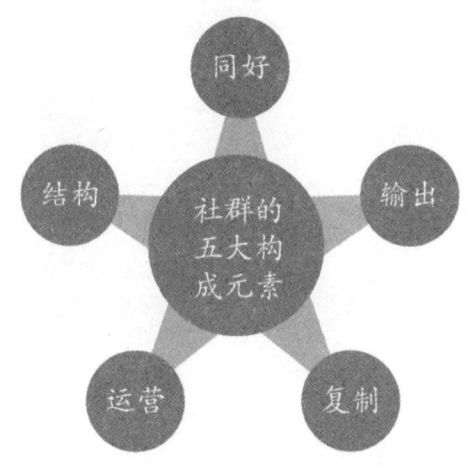

图 5-1　社群的五大构成元素

同好，指的是基于某种特定的事物，有一群对该事物有着相同兴趣爱好的人。通过某个人的发起，这些人加入QQ群、微信群、贴吧以及论坛等圈子中。同好的主要职责是将社群搭建起来，因为相同的爱好，用户来到了同一个社群。所以，同好这一元素决定了社群的成立。

举例来说，基于某种产品的前提下，有的用户喜欢小米手机，有的用户喜欢苹果手机；基于某种行为的前提下，有的用户喜欢旅游，有的用户喜欢读书、写字；基于某种性格标签的前提下，有的用户喜欢安静，有的用户喜欢热闹；基于某种空间的前提下，有的用户喜欢住在小区A，有的用户喜欢住在小区B；基于某种共同经历的前提下，有的用户关系之间属于小学同学，有的用户关系之间属于大学同学，等等。在以上相同的前提下，圈子却是截然不同的。只有相同爱好的人才会加入相同的圈子，才能被称为社群。

结构，指的是建立社群需要制定一定的准则，如果不制定一定的准则，社群即使搭建起来也会很快消失。我们可以从身边的微信群这一圈子中感受到，许多微信群在成立的时候疯狂拉人，但最后都成了死群。所以结构这一要素决定了社群是否能够存活下去。

一个社群的结构大致可以分为发起成员、交流圈子、加入条件以及合理管理等四项。只有满足这四大基本结构，社群才能持久地存活下去。

### 发起成员

发起成员，也可以称之为种子用户，最开始这批成员的忠诚度以及付出对社群的未来将会产生巨大的影响。

### 交流圈子

找到一群志趣相投的用户之后，必须将其引导至某个圈子，作为交流的聚集地。

### 加入条件

绝大多数用户都是怀有虚荣心理的，条件越苛刻、越难达到，他们反而会越珍惜，如果不设置条件，将很难留住用户。设置条件的主要作用，一是保证社群里成员的质量，二是让成员觉得加入这个社群来之不易，需要珍惜。

### 合理管理

用户是人，是人就有惰性，如果一个社群没有群主，没有管理去精心维护，不设置一定的规矩，和"游击队"也没啥区别。想要社群真正强大起来，就必须让圈子里的成员成为"正规军"。

此外，决定社群价值的还有一个重要的条件，那就是输出。输出，指的是每天创造一些有价值的内容，这些内容能够帮助社群里的其他成员有所成长，并且这些成员也能加入进来，成为帮助社群发展的一分子，而不是单纯的粉丝。所以输出这一元素，决定了社群的价值。

如果一个社群成天只是吹牛、聊天，这样的社群也维持不了多久。所以要输出有价值的内容，让用户觉得对自己是有利的，能够从里面学到知识。比如，罗辑思维的罗振宇每天都会分享一条语音，帮助群员理解逻辑提升思维；"90后"创业者、营销达人"实名倪涛"，每天都更新一篇原创文章，帮助群员提升学习的动力和专业知识；某些接单群，每天发布不同的任务，帮助群员赚取一定的外快。针对不同的社群输出不同的内容，才是真正有价值的社群。

一个社群，要想存活下去且更有价值，就需要懂得如何运营。为什么有些社群很难活过一个月，就是因为其运营做得不够好。运营是一件持久的事，你需要记住：不能一次给予用户所有的东西，而是要源源不断地给予用户不同的东西。我们要清楚一点，运营与输出有着本质的区别，输出仅仅是提供内容，满足用户单方面的需求，而运营则需要满足用户所有不同的需求。所以运营这一元素，决定了社群的寿命。

社群是一个圈子，想要让群员真正地融入进来，就必须给他们一种家的感觉。所以我们通过运营这一手段，要让群员有四种感觉。

第一，仪式感。加入社群需要申请，进群之后给予一定的欢迎仪式，对于有贡献的奖励，违规的进行处罚。

第二，参与感。让群员参与社群里的活动，可以有效提升群员对社群的依赖，让他们有所收获。

第三，组织感。对群员进行有效的划分，最好是像成立一个公司那样，让有贡献的成员具备组织管理能力。

第四，归属感。让成员无时无刻不有家的感觉，发表的言论有回应，遇到的问题可以得到帮助。

图5-2 社群运营成员的四种感觉

那么，如何有效地扩充社群的影响力呢？这就需要我们学会"复制"。复制，简单来说，就是将运营成功的社群以相同的模式创建全新的社群。事实证明，通过复制这一手段，可以有效地扩充社群的影响力。所以复制这一元素决定了社群的规模，规模越大，社群影响力就越大。

通过对以上知识的学习和了解，我们已经具备了对社群的基本认知。只有真正了解这些基本元素，才能明白社群是如何实现裂变式营销的。

## 倒金字塔法则：颠覆传统的分裂式传播

社群运营的本质，是一种营销推广方式，其核心在于对产品的销售和品牌形象的传播。社群运营与一般的营销模式不同，其他模式有可能只是单纯地介绍产品，以硬性广告的方式存在：以前线下的纸质报纸就是如此，虽然当时有许多企业确实通过这种模式取得了突破性的发展，达到了宣传企业的目的，并且通过这种传统分裂式的传播方式，让用户熟知企业的产品，以此来获取利润。

但是，随着移动互联网的迅猛发展，用户也越来越聪明，他们对于直接的硬性广告都不再信任，并且十分反感和抗拒。所以现在还有多少人去看报纸呢？这种传统的分裂式传播方法显然已经过时了。因此在做社群运营的时候，一定要"先声夺人"，得先让用户对社群里的内容感兴趣，并有阅读下去的欲望，才能彻底颠覆这种传统模式。而这种传统模式颠覆的方法，我们将其称为"倒金字塔法则"。学会运用这一法则，社群的运营将更加轻松。

社群之所以会活跃，是因为有内容的存在，用户对喜欢的内容进行阅读、分享、讨论，以此来提升社群的活跃度。而内容又由标题和正文组成，所以又可以将其分为"标题倒金字塔"和"正文倒金字塔"。

标题倒金字塔，通俗一点的理解就是，将最有用、最有价值、最吸引人的内容，放在最为显眼、最突出的位置，而其他次要的内容则根据重要程度的不同进行摆放。

标题直接决定了用户是否会在信息量巨大的环境下，选择点击并阅读文章的内容。这样的环境无论是社群也好，其他媒体平台也好，如果标题不能真正让用户有点击的欲望，那后面的分享，并且做到裂变式传播也就无从说起了。

举例来说，我们要让用户知道的信息是"北大青鸟正式开启社群运营培训服务"，目的很明确，就是为了让用户成为北大青鸟的学生。那么最简单的标题则是《北大青鸟启动社群培训，面向全国招收学生》。虽然从这个标题中已经可以让用户知道我们想要表达的意思，但却没有任何让用户点击的欲望。

所以需要对这个标题进行优化升级，优化之后的标题是《7天快速入门社群运营，北大青鸟正式启动》或《进入社群红利期，北大青鸟的5大优势》。这样的标题其实已经是倒金字塔了，但还是不够完美，离真正让用户眼前一亮还有所差距，因此还需要继续优化。

进行多次优化之后，标题最终可以是这样：《月薪10万的社群牛人，北大青鸟"孵化器"》。

这样的标题很快就能吸引用户的点击，并且传播开来。大家都会说，在北大青鸟学习社群运营可以拿到10万月薪。10万月薪远比进入北大青鸟学习重要得多，这就是标题中倒金字塔使用的技巧。

正文倒金字塔，指的是在一开始，就让用户看到自己想看的，并有阅读下去的欲望。

有人通过对一些读者的调查发现，80%以上的读者都不会看完整篇文章的所有内容。也就是说我们所写的文章，他们大多以跳跃式的方法进行浏览。但是我们在做运营的时候，自然不能减少内容的分享，否则就不完整了。如何避免这一问题的发生呢？同样利用倒金字塔法则，就可以解决。

周星驰有一部电影，在电影刚开始的时候，有这样一段台词。通过这段台词，引出了电影的整条主线内容。为了避免版权纠纷，以下台词做了修改。

"他高傲，但他宅心仁厚，乐于助人；他谦虚，但他万人敬仰，受人瞩目；他可以将神赐给大众的火，发挥得淋漓尽致，做出堪称艺术的经典名菜；他究竟是神仙下凡，还是阎王转世，没人知道他的来历，但可以肯定的是，大家都给他一个统一的称号，那就是'食——神'。"

这段台词虽然是由主持人说出来的，但却给观众一种十分神秘的感觉，想要知道他究竟是谁。而食神两个字，就已经说明了一切。

这部电影也是周星驰经典电影之一，而大多数观众也因为这部电影而记住了这段台词。

在社群运营的过程中，也可以使用这一手法。想要在内容的开头吸引用户，可以巧妙地利用当前比较流行的搞笑段子；想要开头更有学习力度，就展现出能让读者学到知识的核心；想要开头更加具有影响力，就通过各种强大的数据分析、方法揭秘来抓住用户的心理。

移动互联网时代，想要用户帮助传播信息，最重要的是抓住用户的碎片化时间。除非我们的内容写得十分精彩，能让用户主动帮忙分享，否则用户只会选择跳跃式的阅读手法，很快就将其遗忘。所以有效的借助倒金字塔的营销模式，打造一个让用户眼前为之一亮的标题，一段让用户过目不忘的开头，才能保证我们所运营的产品，以更加符合现代人的模式，通过分享到各个社群，以裂变的模式传播开来。

## ✴ 长尾效应："俘获小众中的大众"

现在企业获取新用户的成本越来越高，这已经成为企业运营中最大的难题。

而且不仅获取用户的成本居高不下，获取的难度也在直线上升。其核心在于，当前的互联网时代与曾经的互联网时代有着本质区别。企业想要快速获取利润，以小博大的思想越来越严重。

众多企业都希望能够从这个时代快速赚钱，却忽略了其中的关键。那么如何降低获取新用户的成本，打造一款属于企业个性化的产品呢？最直接的方法就是从小众人群着手，通过小众人群的兴趣爱好，来引发大众的流行趋势。根据我多年的营销经验，发现现在的年轻人越来越喜欢独树一帜，不随波逐流，有着属于自己独特的思想。我们将其称为亚文化标签，所以在市场饱和的今天，想要真正有所突破，作为运营人，应该关注的并不是一次就能引爆大众的流行文化，而是掌握小众人群的兴趣爱好。

做社群运营，不要一开始想的就是能够做得很大，得从小开始，只有市场越小机会才会越大。当然这里说的是有小市场，而不是完全没有市场。比如多年前外语培训的市场其实很小，大家都处于一种温饱阶段，对外语的学习没有那么强烈，市场非常小，所以新东方成功了。

多年后外语培训的市场非常大，家长们都希望自己的子女能够掌握一门外语，只是市场这么大你能成功吗？可能有许多用户喜欢一些比较大众的爱好，比如听歌、看电影、玩游戏等。但不可否认，还是有一些用户有其他的爱好，比如喜欢卡通模型、角色扮演、真人射击、收藏标本等。这些爱好一般人不会有，让你想可能想不起来，但是一旦提起大家肯定都知道。我们将这些爱好称为"小众爱好"，而这些小众爱好里也蕴藏着大量的利润。模型、角色扮演、真人射击、收藏标本哪个不需要花钱？只是你没有想到而已。

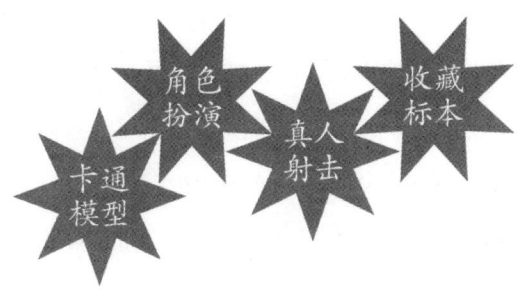

图 5-3　一些为人熟知的小众爱好

只要找到这样一群固定的人，将他们引入我们的社群圈子，第一批种子用户就有了。因为他们是发自内心爱好，所以这些用户可以称得上是企业实现"万里长征"目标的核心用户。他们将会在以后的日子里，对企业的产品改进有巨大帮助，而这正是小众爱好中最真实的用户需求。满足了这些需求，假以时日，必然会有引爆大众的机会。

小众爱好里产生的大众流行，在我脑海里印象最深的就是"真人CS"了。在最开始的网络游戏时代，电脑上的CS可谓俘获了多少玩家的心。每次去网吧，叫上三五个好友，连上局域网，就能畅快地玩上一宿。

看到如此多的用户喜欢射击竞技游戏，一些企业看到了商机，于是"真人CS"在2002年的时候诞生了。但最初的时候，大家都不喜欢玩，而且都不想玩。一来需要大量的跑动，二来在当时的环境下谁都不愿意最先尝试。

"真人CS"以迷彩服和彩弹枪为主，最初吸引的也是一群热爱枪械运动的人以及退伍士兵，当时的市场并不火热，可以算得上是小众人群的爱好。但随着时代的发展，用户对惊险刺激的游戏越来越喜爱，于是开始纷纷尝试这一竞技运动，真人CS也逐渐火爆起来，无论是场地经营者，还是枪械模型商都从中赚取了丰厚的利润。

真人CS就是典型的小众人群中的大众流行。不仅如此，连最简单的段子都能成为一种营销，比如：提到"我擦"你会想起《万万没想到》里的王大锤；提到"国民老公"你会想到王思聪；提到"国民岳父"你会想到韩寒。这些段子在一开始只是被很小众的一部分人接受，但经过长时间的演变，俨然形成了一种大众文化。

再比如2016年上映的《余罪》为什么那么火呢？抛开演技不谈，张一山在剧中经常做一件让人啼笑皆非的事。这件事就是"一本正经地胡说八道"，你会发现大家不仅不反感，反而很喜欢。而这个概念也是当前互联网下的一种亚文化标签，并且蕴藏着极高的营销价值。

这种营销模式，我们到底是将其称为小众还是大众呢？最根本的评判标准是，原本它只是一种小众爱好，但是通过运营加入各种营销手法，最终演变成一种大众流行，并且逐渐火爆起来。而这也是值得我们学习的社群运营上的一个诀窍。

## 打造爆品，做人群中的魔术师

"魔术"是魔术师将某件将不可能发生的事通过某种障眼法而变成现实，以此来刺激用户的感官、吸引用户付费的职业。不要以为魔术师只是一种表演，只能在节目里看到，在生活中，尤其是对于运营人来说，他们也有着属于自己的魔术。最直接的体现就是，将一款无人问津的产品打造成爆红且销量巨大的产品，这就是运营人所施展的魔术。

如今，市场的竞争是十分激烈的，同样的产品，有的店铺可以将它卖断货，而有的店铺却无人问津。想要将产品卖到断货就不得不施展一定魔术，以此来吸引用户进行消费，只不过要施展这个魔术也并非那么简单，需要一定的技巧。

首先我们要清楚地知道，爆款产品是怎么吸引用户进行购买的。在我看来主要有三个原因：第一，成本不变，收益上升；第二，收益不变，成本降低；第三，成本上升，收益上升。

"成本不变，收益上升"指的是花相同的价格却能享受更好的待遇。比如某位家长的学生在培训班学习，学校某天推出暑期套餐，以相同的价格可以购买两套课程，而平常只能购买一套。

"收益不变，成本降低"，指的是相同的物品以更低的价格就能买到。比如手机这款产品，以往价格都高，但是随着各种智能手机的出现，用户可以花更少的钱，就能购买到功能更多的手机。

"成本上升，收益上升"，指的是某些能够给用户带来更多利益的新型产品，为了得到这些利益，用户花上一定的成本也是可以接受的。比如现在比较流行的VR眼镜，这种技术是新型的，能够给用户带来不一样的体验。

只要牢牢抓住以上三个原因，打造爆款将变得十分简单。成本不变、收益上升与收益不变、成本降低这两种结果本质相同，自然不用多说。这两种结果对于用户而言都是最好不过的。但是面对第三种"成本上升，收益上升"的情况，用户或许会抱有怀疑的态度。其核心原因在于，用户对于收益而言，更注重损失。成本上升，也就意味着损失更多的金钱。

用户都是贪图享乐的，举个例子来说，学生在读书的时候，老师总会强调，只要努力读书，考上名牌大学找到好工作，就能赚到几十万的年薪。可为什么效果却不那么明显呢？这是因为相比未来得到的东西，眼前的快乐时光更加重要。

所以想要真正通过第三种方式打造爆款产品，必须让用户非常直观地认为，得到的利益比损失的金钱更加重要。当然解决这个问题的方法也有很多，这里给大家推荐一种最为有效的方法，我们将其称为"第二次重生"法。所谓第二次重生，就是给用户第二次机会。让用户觉得第一次成功被自己错过了，一定不能再错过第二次。

20世纪90年代炒股让一群人致富，后来又出现了比特币、莱特币这样的虚拟货币，而现在区块链诞生了。为什么区块链能火呢？核心其实离不开炒股和虚拟货币使人致富这一源头。相比炒股而言,这是一个新的赚钱机会。所以大家纷纷购买虚拟货币,投资区块链。

80后那拨人赶上了淘宝,淘宝让他们赚到了钱。之后微商兴起,朋友圈是不是又被这样的广告刷屏了呢?"10年前,你错过了淘宝,今天可别再错过微商了。"所以大家开始学习做微商,加入微商团队,购买微商书籍。

互联网刚刚兴起的时候,无数草根站长借着SEO的势头、百度搜索引擎制度不完善的机制,快速获得了流量和权重,通过流量获得利润。而如今新媒体、自媒体以及社群的火爆,也有了曾经SEO的趋势,学习社群运营抓住这个机会又能赚钱。所以大家纷纷开始学习社群运营,购买社群运营的书籍。

区块链是爆款,微商书籍是爆款,社群运营同样也是爆款。这三个成功的案例都被运营者施了同样的魔法,这个魔法就是成功经验。这些成功经验让用户知道了别人成功的案例,但他们并没有抓住曾经的机会,而现在机会再次来临,用户自然会更加珍惜。

再举一个最直白的例子,那些考上一本、二本的学生,大学毕业五年之后都拿到了数十万的年薪,而中途辍学的人若干年之后,依然拿着三四万的年薪,这就是差距。如果再给这些辍学的人一次机会,他们肯定会选择用心读书。

所以想要打造一款合适的爆款产品,最重要的就是让用户有占到便宜的感觉。无论是金钱的便宜、收获的便宜还是第二次成功机会的便宜,都是产品能大量销售的绝佳前提条件。

## "互联网+"模式,免费并不等于"零消费"

在电视剧《爱情公寓3》里出现过这样一个场景,吕子乔为了享受曾小贤酒吧股东的权利，在一个夜晚吸引了众多年轻人到酒吧消费，可最后他却没有收钱。我们姑且不谈这个做法为何最后以失败告终，吕子乔的一番言论，就值得我们学习。

他是这么说的："你知道脸书、推特，还有谷歌吗？他们都是饥饿营销的代表。比如你一天吃三顿饭，如果我连续一个月请你吃第四顿夜宵，那在之后的时间里，哪怕我不请你，你也会自己花钱去买的。"不得不说，这番话确实很有道理。而且现在互联网上许多成功的企业，都是通过这种模式成功的。

饥饿营销是"互联网+"时代下的产物，我们要非常清楚饥饿营销的核心。它的核心在于：先免费后收费。也就是说这个免费并不等于"零消费"，收费只是时间问题。

用户都喜欢免费的东西，只要有需要，恨不得一分钱不花就将产品带回家。但我们想一下，世上真的有免费的东西吗？哪怕有也不一定会落到你的身上。而且企业家们也非常清楚用户的心理，但收费这一步是必须走的，否则企业最终只能走向灭亡。

根据马克思政治经济学原理，用户产生消费是一种推动社会进步的生产关系。商家所生产的商品只有投放至市场并被用户购买，才能真正地实现资本跨越，使商品具备对等的价值。而商品被用户购买的唯一途径则是用户所认可的通用货币，所以在市场经济推动社会经济的基础下，从来没有所谓的零消费市场，只有吸引用户参与的免费市场。

或许在"互联网+"模式的推广下，市场上存在个别完全零消费案例，比如最近火爆的小程序游戏，但这仅仅只是对于用户而言的零消费。企业所获取的利润并不是单单来源于游戏用户，还有商家。我们始终要相信一点，流量是一定能够变现的。再比如中国数亿用户使用百度搜索引擎，普通用户花钱了吗？但为什么百度依然能够成为BAT三巨头之一？核心就在于，推广的企业付费了。无论是百度竞价，还是其对应的产品服务，企业想要通过百度获取用户，就必须支付一定的费用给百度，否则将很难通过百度这一渠道赚钱。

免费并不等于"零消费",这是企业的运营之道,只不过企业必须结合自身的条件,以此来决定给予用户多久的免费时间。而且这个时间一定不能过短,用户必须在这个时间内对产品产生依赖性。本章最开始《爱情公寓3》的这个案例为什么会以失败告终呢?其核心原因在于,酒吧的经营策略根本就无法做到长期零消费,无法让用户将泡吧养成习惯。一两次的免费还好,但想让用户对于泡吧养成一种习惯且每天都来,至少需要花上一个月的时间。而持续一个月的免费,酒吧早倒闭了。

微信提现功能想必大家都已经很熟悉了,这款产品就是典型的"互联网+"环境下,通过"先免费后收费"的模式成功的。

2013年8月5日,微信在版本更新至5.0的时候,将微信支付这一功能上线。2015年初,微信官方与众多商家合作,推出了"摇红包"活动,摇红包所获得奖励存在了微信钱包里,并且随时可以使用,提现到银行卡也不收取任何手续费。

在长达两年多的时间里,微信的崛起和火爆,带动了微信支付这一功能。众多用户为了方便,随时购买自己想要的商品,纷纷将钱存入微信钱包。这种免手续费又方便的功能,逐渐深入人心,让用户养成了随时都会通过微信扫一扫购买产品的习惯。

但殊不知这是微信为了获利而使用的战略手段。2016年3月1日,微信官方发布通告,每个微信账户只有1000元的免费提现额度,超出的部分将收取千分之一的手续费。

千分之一对于用户来说并不算什么,而且用户已经养成了使用微信支付的习惯。但我们不妨试想一下,微信用户如今已经超过9亿,每天有多少用户提现我们不得而知,但有这9亿用户基数在这里,微信获取的利润也是非常可观的。

对于用户而言,在多年使用微信的过程中,微信支付已经成了一种习惯。而且这些手续费是所有行业都认可、大众也接受的。但或许有些用户会说,我存进去了不取出来,不就不用花这个手续费了吗?确实不会花。但在这个移动支付的时代,在这个带个手机就能轻松支付的时代,你还会带现金或者银行卡出门吗?或许你会说还有支付宝啊。但如果此时此刻你正在用微信聊天,直接使用微信就能付款,你还会重新打开支付宝这款App进行付款吗?

所以,我们不难发现免费并不等于"零消费",而且这个零消费分为两种,第一种为金钱式消费,比如微信提现、游戏充值,先给予免费知识后收取付费学习。第二种为使用式消费,使用式消费也是一种消费。像羊毛派、零元派,这些没花一分钱的用户,是不是就没有价值了呢?比如一款游戏,用户达到了数千万,根据二八定律,至少有80%以上的用户是没有付费的。但这80%以上的用户,是带动剩下20%的用户付费的关键。

在把握好当前环境下的市场的前提下,一定要牢牢记住,免费产品是吸引用户的关键;但同时也要记住,只要用户使用了我们的产品,哪怕是免费产品,也是一种消费。而能付出金钱消费的用户,正是从这些使用免费产品的用户中诞生的。

## 吐槽的威力:大众也能成为信息传播的主导

从最初的"叫兽""老湿"到后来的"王尼玛""papi酱",这些自媒体人相信大家都非常熟悉。他们之所以能火,完全是因为抓住了用户对于吐槽的需求。他们通过生活中的事、遇到的人、看过的电影发现其中的槽点,并以此来吸引用户的关注和讨论。

根据对这些自媒体人的了解,人们发现他们之所以从事这一行业,其实最重要的原因依然是能够赚钱。而帮助他们赚钱的来源,就是吐槽这一能力。不仅能让用户帮忙将其吐槽的内容传播出去,更能通过这一能力获取更多的收益。"叫兽"

创办了万合天宜,"老湿"成为了旗下艺人;"王尼玛"有了暴走漫画,"papi酱"拿到了1200万融资。甚至有了专门为吐槽而生的动漫《十万个冷笑话》,并且深受用户的喜爱。所以我们不难发现,吐槽其实是一种营销模式,并且是一种能够让大众成为传播信息主导的模式。

随着吐槽文化的盛行,身边逐渐诞生出一些"吐槽星人""不吐槽会死星人"。尽管这样的标签过于夸张,但也足以证明吐槽已经成为用户生活中的一部分。为什么大家对吐槽这一现象如此热爱呢?其中的原因有两种,一种是现代年轻人面对社会的高速发展,正处于一种经济与精神两方面的压力之中,需要对这些压力进行合理的释放;另外一种则是年轻人自带的叛逆心理,他们对于那种教科书式的言论毫无感觉,相反,带有调侃、逗乐式的吐槽却正好符合了当下年轻人的内心。

再者由于移动互联网的时代,去中心化、碎片化以及大众娱乐,多元化(摒弃同质化)的现象越来越明显。有些人便通过吐槽这一方式对所发生的事进行讨论,在激烈的讨论中,表达自己独特的观点,并通过各种社交平台,让用户牢牢记住了他们。事实上,吐槽这一搞笑的逗乐方式也从根源上打破了那种一板一眼、正儿八经的传统模式,让吐槽者也能成为事件信息的传播者。

所以在做社群运营的时候,加入一些必要的"吐槽"元素,不仅可以让身边的用户参与进来,还能在吐槽的过程中将产品与用户结合起来,进一步扩大产品信息的影响力。

2016年互联网圈子最火的人毫无疑问就是"papi酱","我是一个集美貌与智慧于一身的女子",这句话通过她独特的吐槽能力,深深地印在了用户心中。

"papi酱"凭借着各种搞笑的视频,在这一年成了远超当红明星的网络红人。通过发布这些短视频,在微博上获得了将近1200万粉丝。2017年早期,凡是与"papi酱"相关的话题,都能得到大量的阅读以及转发,足以证明"papi酱"的影响力十分巨大。

而让她如此火爆的原因，正是她发布的一个个关于吐槽的短视频。"papi酱"的短视频无一例外都十分符合当下的年轻人，无论是秀恩爱的夫妻，还是让人厌烦的亲戚朋友，这些生活中遇到的不愉快现象，是众多用户所经历的人生真实写照。

大家通过观看"papi酱"所发布的视频，引起自己的共鸣，开始纷纷在评论中发表自己的观点。而这种吐槽式的营销模式瞬间唤起了用户的内心情绪。他们开始转发、分享给更多有过类似经历的朋友，成了这一短视频传播的主导者。

"papi酱"式的成功并不是个例，我们身边这样的案例随处可见。比如：影视剧中的《太子妃升职记》《十万个冷笑话电影版1》，实体产品中的小米笔记本，还有电视综艺节目《吐槽大会》，都可以称得上是吐槽式营销的成功代表。

学会吐槽式营销，让用户主动帮助我们传播信息，是势在必行的一件事。只不过吐槽也并非轻而易举就能做好，在做吐槽式营销的时候，一定要注意：吐槽只是为了娱乐大众，让大众在吐槽的过程中产生共鸣并进行传播。但如果用户在吐槽的过程中真的发现了产品的不足，那就不是简单的吐槽，而是对产品的质疑和抨击。所以在进行吐槽式营销的时候，千万要记住，产品一定要过硬。否则将会有一种"搬起石头砸自己的脚"的感觉。

如果我们在日后的运营中，发现了可以为之吐槽的槽点，一定要加以利用，巧妙地在槽点中植入自己的产品，并借助槽点带来的流量趋势拉近与大众之间的距离，让大众成为产品信息传播的主导者，彻彻底底发挥出吐槽的威力。

# 第六章
# 病毒式传播：社群裂变的杰作

## 设置病毒传播机制，将用户卷入病毒旋涡

"病毒"这一词汇在普通大众眼中是十分可怕的，但对于运营人来说，是最有价值的一种营销法则。所谓病毒式传播，有时候也被称为病毒式营销，指的是通过当前移动互联网的环境下，用户通过各种社交媒体和网络圈子，让所看到的信息像病毒一样迅速地传播和扩散。

所谓病毒传播就是在某个时间段以极其疯狂的速度传播开来，比如2003年的非典、2008年的H1N1流感，都在当时引起了巨大的传播，人们在不知不觉中就被感染了。

病毒式营销的核心原理也正是如此。通过"大众告诉大众"，让普通用户自发地进行宣传，从而达到裂变式的传播效果。如今的病毒式营销已经成为一种主流的营销方法，并且深受运营人的喜爱。用户一旦陷入病毒的旋涡中，将很难自拔，并且会不断地传播给身边的人。那么通过什么样的手段才能让用户进入我们所设置的病毒旋涡呢？关键在于设置好病毒的传播机制。病毒传播的机制大致可以分为四类：

第一类是捆绑机制,第二类是利益机制,第三类是节日机制,第四类是拼团机制。

图6-1 病毒传播的四种常见机制

**捆绑机制**

这种机制的传播模式是最让用户厌烦的。在流氓软件横行的时代,各企业为了营造一种用户大规模下载的假象,将一些用户根本不需要的软件捆绑在某些比较常用的软件中。用户在下载常用软件的时候会自动下载这些不需要的软件。而这些不需要的软件会占用电脑的内存和网络流量,给用户造成严重的困扰。但不可否认的是,捆绑软件这种传播机制正是病毒式传播的鼻祖。尽管后期出现了金山毒霸、360安全卫士、腾讯管家等杀毒软件,但这种捆绑式的传播机制依然存在。

比如,我们在下载某款软件的时候,总是会无意之中安装其他一些并不需要的程序,像游戏、购物网站等。

**利益机制**

这种机制是最受用户喜欢的,其原因在于能让用户获得一定的金钱利益。为了短时间内扩充用户的数量,一些大型企业往往会使用这种机制。一些平台会设置邀请码或推广链接,只要其他用户通过该链接进行注册和消费,推广人就能获取一定的金钱,以此方法来实现病毒式传播。当然这个利益机制越诱人,病毒式传播的威力也就越大。

2015年火遍全国的"借贷宝",通过邀请码注册,就能获得20元的佣金。注册一下就能获得如此高的利益,"借贷宝"借助微信这一渠道,瞬间引爆市场。这是最典型的通过利益机制实现病毒式传播的营销案例。

**节日机制**

每逢节假日,大家都会使用贺卡,贺卡这种东西非常容易传播。接受者只需更改一个名字,便能立马分享给其他用户。而其他用户在接收之后,会再次传播给更多人,这样,病毒式传播就形成了。

2017年的圣诞节,对于普通用户来说或许只是一个节日,但对于运营人来说,却是一个值得纪念的日子。当时几乎每个微信用户的头像上都戴了一顶圣诞帽。被朋友圈刷屏的圣诞帽,使得运营人再次见识到了病毒式传播的威力。而这一病毒传播正是借助了节日机制,试想一下,如果现在再去做这样一款圣诞帽应用,还有效果吗?在不是圣诞节的日子里,戴一顶圣诞帽,你会做吗?

**拼团机制**

这种模式非常适用于现在网络上流行的一种人群,俗称"隐形贫困人"。姑且不谈他们在人前的生活是多么光鲜亮丽,我身边确实有许多这种类型的人。他们会在不被外人发现的时候发起拼团活动,购买一些生活必需品。拼团的核心在于,一件商品价格过高、用户想要以更低价购买的时候,则会使用这种机制。当然也有一些商家为了提高销量,主动发起拼团活动。既然是拼团,自然需要更多的人参与,用户为了以更低的价格购买自己想要的商品,便会分享给身边的朋友。如此一来,病毒式传播就成立了。

拼多多2015年成立,在2017年就已经火爆了整个互联网。只花了两年时间,拼多多就成为继淘宝、京东之后的第三大电商巨头。而它所采用的正是病毒式传播机制中的拼团机制,即通过用户的拼团分享。再加上大众对朋友之间的信任,或许最初只是某位用户随手的一个分享动作,但他身边的朋友却出于对朋友之间的信任,自然而然就参与到拼团这一营销模式中去了。

其实病毒式传播的方法有很多，这些方法的源头都潜藏在生活当中，而且成功的案例也数不胜数。途牛旅游网有这样一段被刷爆朋友圈的经典文案："只要心中有沙，哪里都是马尔代夫"，并配上一名大汉躺在马路上的沙堆中的图片。当然这个图片肯定是经过PS处理的，但这形象的配图加上文字的渲染，瞬间满足了用户的欲望。用户通过各种调侃式的言论，将这一文案传播开来。

只要我们把握病毒式传播的核心，就能实现病毒式传播。那么，如何把握病毒式传播的核心呢？第一，自己打造一款能够引起大众参与的病毒模式，比如利益和拼团机制；第二，如果自己不能打造这种模式，就借助他人的优势并结合自己的产品进行传播，比如捆绑和节日机制。熟练掌握本章中的各种病毒式传播机制，你就能很快打造出一款适合自己产品的病毒式营销，并取得巨大成功。

## ✵ 撬动中心节点，引发雪崩效应

有一对夫妻带上自己十岁的孩子去滑雪场游玩。十岁的孩子正处于调皮捣蛋的年龄，他在滑雪场经常做出一些夸张的动作，比如往堆积了厚厚的白雪上扔石子。场地的工作人员担心引起事故，便告诫这个孩子不要再乱扔石子。可这对夫妻不以为然，并说"一颗小小的石子能引起什么事故，孩子，没事，你继续玩"。就这样，这个孩子似乎感觉自己做的事不仅没有被责罚，还受到了夸奖，所以整个上午他都乐此不疲地扔着石子。在他扔了数不清的石子之后，当他再次扔出石子的时候，悲剧发生了，滑雪场堆积的白雪瞬间形成了雪崩，向滑雪场里的用户袭来。这起事故造成多人死亡，而这对夫妻和自己的孩子也未能幸免。

或许这对夫妻在临死之前都不知道事故发生的原因，或许他们能想起工作人员的话并纳闷，为什么扔了那么多石子都没事，扔这最后一颗的时候却出事了呢？这就是所谓的雪崩效应。任何事物都有自己的中心节点，一旦这个节点被打破，将会带来意想不到的后果。一颗石子确实没有什么分量，可成千上万颗石子将足以造成雪崩灾难的发生。

同样，想要在营销领域引发雪崩效应，必须具备三个要素。第一，前期厚厚的积雪；第二，找到一个能撬动积雪引发雪崩的中心节点，可以是人或事；第三，雪崩出现之后，要能在自己的可控范围之内。

第一，厚厚的积雪。没有积雪何来雪崩呢？要想真正引发雪崩效应，首先必须有积雪，而且是积攒了许久的积雪。

比如阿拉伯寓言中"一根稻草压垮骆驼"的故事，为什么一根如此轻的稻草能够压垮身强力壮的骆驼呢？那是因为在这根稻草之前，骆驼身上已经被堆上了数不清的货物。而这些货物，就是我们做营销中的积雪。

第二，撬动积雪的中心节点。为什么有许多作者积累了大量的粉丝和关注度，却依然无法变现呢？那是因为他们没有找到一个变现的方法，也就是没有撬动这厚厚积雪的中心节点。

比如前面案例中所说的那位前辈，到今天他写了十一年的文章，但是前面几年他都没有赚钱。直到遇到了一位营销大师，帮他打造了属于自己的变现方法，才让他一年之内获利百万。而这位营销大师，就是这场"雪崩"下的中心节点。

第三，雪崩出现之后的可控性。雪崩出现之后，并不是任由它一直持续下去，而是要有一个合理的收尾，对它进行相应的控制。

比如某位明星，他最初参加某种活动，只是为了替代言的某款产品增加曝光度。可没想到的是，吃瓜群众反而挖出了该明星的黑历史。在公关没有及时把控的情况下，群众积累的情绪愈演愈烈，最终使该产品成为众矢之的，商家损失惨重。

"系鞋带"是生活中非常细小的一件事，但我们总是会发现，鞋带在不知不觉中就散了。这一现象的发生完美地说明了雪崩效应是怎么形成的。

国外一名研究生为了找到该现象发生的原因，穿上一双运动鞋，并系上鞋带,然后在跑步机上慢跑,而另外一名研究生则负责拍下这一慢跑的全过程。通过对视频的研究,他们发现脚在地面慢跑的时候砸中地面的力度,是人体重量的七倍之多。在这种力度的影响下,绳结会慢慢地被震开,导致松散。绳结变松之后,腿部带来的动力,很快就将鞋带给崩开了。

其实鞋带在这之前已经系得很紧了,这就相当于有了厚厚的积雪。但为什么会变松呢?关键点就在于绳结松了,一旦绳结这一核心开始变松,就会像"雪崩效应"一样势不可当,最终使鞋带彻底松开。

系鞋带这个案例是生活中最常见的一件事,但同样能够引发雪崩效应。这足以证明,前期厚厚的积雪(用力系好鞋带),遇到能够撬动引发雪崩的中心节点(绳结松了),雪崩出现之后的可控性(能够重新系回鞋带),这三大要素是非常重要的。

所以在往后的运营过程中,要想真正实现营销学上的"雪崩效应",首先,要保证在产品质量过硬的基础上,通过微博、微信、新闻源、新媒体等各种营销渠道堆积出一定的积雪,作为引发雪崩效应的前提。其次,当积雪堆积到一定程度的时候,通过策划、运营等营销人员,打造出能引起大众参与的爆炸点。通过大众在互联网上的传播,引发之前积累的用户这一积雪,使其快速产生共鸣,并以极快的速度传播开,大范围地覆盖在用户心中,以此形成真正的"雪崩效应",奠定产品在用户心中的绝对地位。

## ※ 用心设计"病原体",获得口碑扩散

马云曾经说过"一家企业口碑的重要性远远大于品牌",品牌只是代表一家企业的名称,而口碑则代表这家企业在大众心中的地位。谚语"酒香不怕巷子

## 第六章 病毒式传播：社群裂变的杰作

深"，说的就是口碑的重要性。只要酿出的酒足够香甜，藏在再深的巷子也会被人找到。比如，我们为什么会相信淘宝，因为淘宝的口碑不错；我们为什么会相信身边朋友推荐的产品，同样也是因为这位朋友的口碑不错。

对于企业的运营者来说，塑造口碑是极其重要的。口碑的来源大致可以分为三种：某款产品、某家企业或某个名人。而这些来源才是真正将口碑传递出去的源头。我们可以将其称为"病原体"，也就是过硬的产品、放心的企业、合格的为人等。

图6-2　口碑的三大来源

### 过硬的产品

一款产品即使花再多的钱去打广告，如果产品质量不过关，最终也无法在用户心中形成良好的口碑。产品是否适合当前用户，是否能帮助当前用户解决必要的问题，是否能满足当前用户的需求等，都是产品是否过硬的关键。

就拿苹果手机这款产品来说，在国产手机无法满足用户需求的前提下，苹果手机应运而生了。苹果手机以其强大的功能、舒适的外观以及满足用户内心的卓越价格，深受国人的喜欢。在产品质量过硬的前提下，苹果手机获得了良好的口碑，以至于当时人人都在谈论苹果手机，人人都想购买苹果手机。苹果手机的绝佳口碑迅速在用户心中传开。

### 放心的企业

所谓放心的企业，主要体现在公益行动上。在中国人的心中，如果一家企业能够从事公益活动，并将所获得的利润真正做到"取之于民，用之于民"，那么这家企业的口碑将是极好的。而如今中国的一些知名企业，像BAT，都会或多或少地从事一些公益活动，以此来提升企业的口碑形象。

2008年汶川地震，阿里巴巴一次性向壹基金捐出500万元用于救灾；2009年，腾讯公益慈善基金宣布，投入超过5000万元，在贵州和云南两地启动一项名为"腾讯新乡村行动"的公益计划；2010年，万达集团对青海玉树地震灾区捐款1亿元，等等。无论是阿里巴巴还是腾讯，虽然我们记不清他们旗下有多少款产品，但只要是这些企业推出的产品，必然会深受用户的喜爱。其核心原因就在于，这些企业都拥有良好的口碑。

**合格的为人**

一个人的为人如何，直接决定他所推荐的产品是否容易受人关注，也从侧面反映出其所在公司的价值观和经营理念。做事先做人，只有做人诚信才能持续合作下去，为人和善才会有人愿意与之交往，这些都是做人的口碑形象。

为什么有的企业会找明星做代言人？不仅仅是因为该明星红，更重要的在于该明星的口碑。比如拍戏认真、不用替身、熬夜训练等，这些虽然看似小事，但放在明星身上则成了敬业、负责、用心的良好口碑。再比如曾经的SEO只是一种工作，后来SEO从业者为了获取更多工作之外的利润，打出了实名网络营销的旗号，以自己真实的姓名曝光在互联网上，通过与用户合作，日积月累也就逐渐成了口碑名人。像我身边的卢松松、朱卫坤等都属于SEO网络营销领域的口碑人物。

用心做产品，产品的质量过关，满足用户需求，深受用户喜爱，塑造产品的良好口碑；用心做企业，塑造企业公益形象，帮助贫困用户摆脱困境，营造良好的企业口碑；用心做人，和善对待身边的朋友，诚信对待合作的伙伴，用心对待接受的工作，营造良好的个人口碑。而这一切的一切，都是口碑形成的重要来源。

产品口碑好自然会有用户帮忙推荐，提升产品的销量；企业的口碑好自然会有用户追随，企业好产品也不会差，就像"虎父无犬子"一样深入人心；个人的口碑好，则可以提升其在圈子的影响力，无论是找工作还是赚外快，都能以此人诚信、与他合作放心的口碑而提升自己的收入。

所以无论做什么类型的口碑营销，都应该用心设计好口碑的源头。良好的口碑能够更加有效地刺激用户对未知产品的尝试，直接影响用户是否会购买该产品的决策力。塑造良好的口碑形象，将是产品销量、企业发展、个人成功的重要途径。

## ※ 精准定位，你的病毒让谁感染

2003年的非典病毒让众多人苦不堪言，甚至因此而失去生命，但却依然有人不惧怕这种病毒，即使接触过感染者也没有患病，还过着平常人一样的生活。为什么会出现这种现象呢？主要是因为这些人或许天生就拥有这种病毒的抗体，才得以幸免。其实在做营销的时候也是一样，如果我们的"病毒"对于用户来说并不合适，那营销"病毒"的影响力再大也无济于事，因为用户对我们的产品完全不感兴趣。

所以要想真正让用户感染我们所制造的营销病毒并传播出去，核心关键点就是找到精准的定位。对于产品定位而言，除非是创新型产品，否则一定要牢牢记住：研究竞争对手的产品优势，掌握自己产品的功能特点。营销是一次战争，知己知彼才能真正打造出一款定位精准而又无孔不入的"病毒"产品。在产品精准定位上，我们需要抓住以下五个关键点：受众人群、产品特色、价格服务、适用实用、国家助推。

### 受众人群

有哪些用户能够为我们的产品埋单,这是关键。比如我们的产品是专升本,用户对象有大专生、大专毕业生,社会上希望通过学历来提升自己收入的人群等。

### 产品特色

做专升本的机构非常多,我们的产品有什么特色?"高效的学习环境,拿不到证全额退款",类似这种任何一家专升本的机构都有的特色也就不能称为特色。但如果我们能做到"快速拿证",并且在学信网可查,这个特色就非常明显了。所谓特色,就是别人家有的我们有,别人家没有的我们仍然有。

### 价格服务

产品的价格和服务是相关的。用户对于高品质的服务,自然也乐于付出高费用。当相同产品推出的时候,用户优先考虑的必然会是低价的那一方。所以在价格不能有所降低的基础上,提供高品质的服务将成为关键。

### 适用实用

产品不仅要适用而且要实用。比如现在火爆的微信小程序,之所以深受用户喜欢,正是符合适用并实用这一特点。相比之前各种App占据手机内存,使用某种功能就得打开某款App的复杂操作来说,小程序明显更具优势。

### 国家助推

在某种意义上,国家是大力支持创新产品的。如果我们的产品能够得到国家的大力扶持,将很快引爆市场并得到大量的用户。

此外还有对用户人群的精准定位,也就是决定谁才能真正被我们的病毒感染。只有找到真正的易感人群,才能彻底发挥出病毒营销的威力。

2003年的"非典"事件带火了多少产品呢?根据调查,当年具有消炎和预防作用的板蓝根、抗病毒口服液、食盐、白醋等商品价格全面上涨，许多药店一度处于脱销的状态。

据当时的媒体报道称，"非典"这一消息传开之后，许多用户开始大量购买这些产品。有头脑的商家更是在这一时期赚了一笔不义之财。板蓝根零售价格从2.8元涨到了12元，最高达到了30元。白醋由2.5元涨到了25元，偏远地区达到了50元。抗病毒口服液由7元涨到了20元，食盐则由每斤1元涨到了2元，最高达到了每斤15元。

这一事件的发生，让我们看到了两起病毒：一起是真正的"非典病毒"，另外一起则是"营销病毒"。不仅"非典病毒"在人群中扩散，营销这一病毒也迅速在人群中扩散。用户担心自己感染了"非典病毒"，却不知自己已经感染了"营销病毒"。只不过这些产品无一例外都十分精准地抓住了用户的内心需求。

在该案例中，那些产品之所以如此成功地售出，是因为：

第一，受众人群非常广，全国都被"非典"所笼罩；

第二，这些产品都具有防止感染"非典"的效果；

第三，价格虽然大幅度提升，但产品带来的效果也十分明显；

第四，这些产品都非常适用于当时的环境；

第五，"非典"这一现象受到国家大力关注，国家也鼓励大家多食用以上产品。

这起事件完美地符合了我之前提到的精准定位的五个关键点。

其实在做运营的时候也是如此。精准定位好产品的特点，定位好用户群体，最好再加以营销的舆论事件，很快就能让我们的营销"病毒"感染大众。一旦满足了精准定位用户的潜在需求，这些用户将会以最快的速度接受我们的产品，并以病毒式传播的模式，迅速扩散开来。

# 娱乐，常常带来惊喜的"病毒"引爆点

如今大众的生活条件越来越好，人们几乎不用再为生存的问题而担心。在忙碌的生活中，关注一些明星的八卦娱乐新闻，借此来打发生活中的小压抑，成了大众休闲的首选。通过娱乐新闻吸引用户的关注也是常见的营销模式之一，我们将其称为娱乐式营销。娱乐式营销的核心在于通过借助娱乐这一元素以及新闻中的热点惊喜，以病毒式的模式传播开来，借此在用户中引爆。

娱乐式营销这种模式在本质上能够给企业带来非常好的营销效果，但许多企业盲目地追捧娱乐圈，包括新闻和娱乐人物，这种模式最终会给企业带来巨大的灾难。许多企业之所以做了娱乐营销却没有看到显著的效果，主要原因是没有抓住该营销模式的核心。

"娱乐"这一营销模式，并不是单纯的硬性广告，而是让用户在观赏娱乐节目的同时，通过潜移默化的方式接受植入的广告，并且用户会自发地分享所看到的娱乐节目，比如综艺节目《快乐大本营》《奔跑吧兄弟》，电影《从你的全世界路过》，电视剧《北上广不相信眼泪》等，深受用户喜爱，并且在微信朋友圈、微博等大型社交媒体广泛传播。而其中的广告也自然像附带的"病毒"一样，在分享的过程中被用户所接受。所以娱乐营销是一种植入式的营销模式，这也是现在许多企业乐意赞助知名娱乐节目的原因。娱乐节目以当红明星、搞笑、互动等模式，吸引人们去观赏。企业赞助这些节目，便可将自己的企业或产品最大限度的曝光，以提升产品的曝光度和企业的知名度。

娱乐式营销之所以如此火爆，自然也有属于它自己的核心特点：第一，创新性；第二，参与性；第三，整合性；第四，独特性。

**创新性**

创新是唯一能够给用户惊喜的来源。用户对于过时的产品、新闻以及发生的事都很难再有兴趣。比如现在的综艺节目，从最初的嘉宾参与点评，到嘉宾与嘉宾做游戏，最后嘉宾与孩子一起互动，都属于创新。

**参与性**

企业要想真正给予用户惊喜，不能只是一味地让嘉宾自娱自乐，必须带动用户一起参与进来，无论是嘉宾回答用户的问题，还是在微博等直播平台与用户互动，都能让用户有一种参与其中、自己不是外人的感觉。

**整合性**

要想真正做到惊喜，千万不能单一地在某个平台播出，必须整合多个平台同时进行宣传和推广，以确保每一名用户都能发现。

**独特性**

为什么湖南卫视会成为一档娱乐专属的综艺节目频道？正是因为其独特性。芒果TV这一代名词也因此才深入人心。而其他地方台或许也有属于自己的独特性，但在娱乐节目这一领域，湖南卫视俨然已经成为行业老大。

当然娱乐式营销并不只有明星才能创造，生活中也有许多。比如贾君鹏、凤姐、芙蓉姐姐、百元哥，等等，这些人物所引发的事件都属于娱乐营销的范畴。而这些事件都给用户带来了不小的惊喜，并在当时造成了非常强烈的反响。

撇开大型企业需要花费大额资金的营销案例不谈，我们说说身边的小众娱乐营销案例。2017年曾发生两起让人们比较关注的事件。

第一起发生于2017年5月，"某高校全班43人，有15对集体结婚"事件。第二起发生于2017年8月，"北京地铁上，大妈怒怼cosplay女孩"事件。这两起事件都具有相当分量的娱乐性，在最初也被定义为营销事件。但娱乐以及舆论往往是处于对立面的，所以这两起案例仅供参考。我们在这里重点介绍第二起。

在北京地铁上，大妈怒怼cosplay女孩，其实这只是一起因为两代人观念不一样而引发的争吵。但恰好这个争吵的视频被放到了网上，顿时成了大众茶余饭后的娱乐谈资。而用户又正好发现了大妈背后的广告——其实在地铁上张贴广告，是非常常见的一件事，但巧就巧在大众错误地认为，这是一起刻意的营销事件，瞬间将"矛头"直指背后的广告公司。

但这个"矛头"并不是什么坏事，因为大妈怼这名少女时除了言语过激之外，并没有引发太大的矛盾。用户调转枪头，开始深度挖掘这张海报背后的广告公司。如此一来，这家公司的广告产品由于用户的八卦，瞬间走上了头条。其产品像病毒一样，得到了大量的曝光。

事件中大妈怒怼cosplay女孩是娱乐，网友发现大妈背后的地铁广告是惊喜。同样全班43人有15对结婚，也是娱乐，网友发现的拍摄的旅游景点是惊喜。而这两起营销事件，都是由娱乐而产生的。

网络营销的时代，大众对于各种八卦的兴趣远超我们的想象。而对于娱乐事件的关注，更是到了"痴迷"的地步。所以我们在做运营的过程中，多多营造一些娱乐事件，效果也是极好的。比如某位美女挂着二维码，在大庭广众之下公然求带走。

只不过在做娱乐事件的时候一定要注意，做好事后的妥善处理。除了大型企业对娱乐节目的公开赞助之外，中小型企业在没有大额资金的前提下所制造的娱乐式营销事件，不能碰触大众的道德底线，更不能以一种愚昧大众、欺骗大众的营销方式呈现。否则，当事件的真相被大众挖出之后，企业将会真实地感受到什么叫作自食其果。

## ✹ 魔性互动，让用户深度参与

在对企业产品进行运营的过程中，运营人关注的核心永远都是用户。我们也一直在强调用户体验,无论是产品使用的体验,还是客服服务的体验,都至关重要。但真正重要的还是能够让用户参与进来,并且深度参与。在这个全民互联网的时代,用户随时随地都能发表自己的观点。而这些观点的来源,就是互动。比如用户在企业的微博、公众号、官方网站发表评论,负责这些渠道的客服对用户的评论进行回复。只不过这种简单的互动只能作为企业的基本工作,而不能成为引起用户深度参与的法宝。

很显然,这种简单而普通的互动已经无法满足用户的需求,而如今互联网上出现了一种更为流传的互动形式"魔性互动"。所谓魔性互动,指的是某些人、事或者物品,古怪且不乏趣味,给用户十分奇怪的感觉但又莫名地触动用户,在最开始展现在用户面前的时候,很难被大众接受。但过了一段时间之后,大家会觉得这些事也并不太引人反感,并且最后还习惯了它的存在。最终,这种模式甚至以洗脑的方式广泛传开。

魔性互动之所以在大众心中影响巨大,除了归功于高速发展的各种社交渠道之外,最重要的是,它是以一种大众能够接受的形式而传播的。常见的魔性互动形式分为三种,分别为魔性音乐、魔性图片以及魔性视频。

| 魔性音乐 | 魔性图片 | 魔性视频 |

图 6-3 魔性互动的三种形式

**魔性音乐**

音乐之所以诞生是因为其优美的旋律、动听的歌词而深受大众喜爱。人们只会在闲暇时分安心的时候听上一曲。但魔性音乐却以其独特的旋律、恶搞的歌词而深入人心。听魔性音乐,并不是为了安静,而是为了烘托气氛。

比如鸟叔的《江南style》、龚琳娜的《忐忑》以及筷子兄弟的《小苹果》和王菲的《小鸡小鸡》等。

**魔性图片**

原本最开始流行的只是各种搞笑的P图。但随着时间的推移,恶搞的魔性表情包开始走进大众的生活。无论你是"00后",还是"70后",相信众多魔性的表情包早已占满了你的QQ以及微信表情收藏栏。

参加综艺节目《变形记》的孩子多多少少都能火起来,其主要原因是该节目能够深入人心。只不过在众多参与《变形记》这一栏目的富家子弟中,有这么一个人在4年前没有火起来,却在2018年因魔性表情包狠狠地刷屏了。

或许你不知道王境泽此人是谁,但你一定用过他的表情包。通过百度搜索"王境泽"这一关键词,下拉均是以表情包为主的相关搜索。出于版权考虑,这里不进行人物形象截图,大家可以自行百度。"四年前我就不该吃那口饭,更不该说这饭真香。"这是王境泽在2018年3月27日发的一条微博。当时瞬间引来了上百万阅读量、十数万人点赞、上万的互动评论。

下面为大家列举一些通过他那魔性的表情所制作的表情包。如果你经常在网上聊天,相信你一定不会陌生。

原句:"我就是饿死,死在外面,从这里跳下去,也不会吃你们一点东西",瞬间剧情反转"这饭真香"。

网友脑洞大开的魔性互动让他的表情包瞬间适用于任何场景。比如:可以是虚张声势挑衅群主的群友,也可以是不给对象道歉的大男人,"我就不找对象,我就是单身到死,也不可能去找她",瞬间剧情反转"刚刚她又说想我了"。

无数带有魔性的文字配上他的表情,一时间让他成为大众的焦点。

当然,魔性图片在互联网上可谓是数不胜数,比如:妈妈再爱我一次、我们是谁、熊猫人等。无一例外的是,这些图片都自带魔性,而且让大众都纷纷参与进来,无论你是P图高手,还是善于在网上找寻编辑器想要自己原创的网虫,哪怕你只是表情包的搬运工,你都参与了进来,这就是魔性互动的威力。

**魔性视频**

魔性视频相对来说比较少见。其主要原因是,正规的电视节目不会刻意去拍,而剪切制作这种视频又比较麻烦。但魔性视频,也是魔性互动的重要传播途径。

比较出名的魔性视频,当属2016年8月8日,里约奥运会女子100米仰泳半决赛,记者对中国选手傅园慧的一段采访,"我已经用了洪荒之力了",魔性的文字"洪荒之力"配上傅园慧魔性的表情,这段视频很快在网上传播开来,"洪荒之力"也成为网友们调侃对方的常用语句。

要想让用户参与到我们所发起的活动中,必须给予用户惊喜。而带有魔性的音乐、表情包以及视频,都是能够让用户感到惊喜的传播方式。操作的重点在于结合适当的场景以及身边发生的事,制作一些带有魔性的产品,这些都能成为流量的重要来源。比如,在王境泽这一热点人物火爆网络的时候,互联网上迅速诞生了一款产品,名叫"王境泽表情包生成器"。当时众多网友纷纷使用该生成器,为该生成器的开发者带来了巨大的流量。在本章节案例中提到的一些魔性表情包,都是通过该生成器制作而成。

抓住合适的时机,再配以合适的传播方式。无论是音乐、表情包还是视频,都能很快在大众中传播开,并以此来宣传我们的企业或产品。

## 打"感情牌"屡试不爽

在生活中或许有一些营销模式会被用户所抗拒,比如硬性广告、标题党等,但有一种模式,哪怕用户知道是在做营销,也会欣然接受。这种模式利用了用户内心的情感,我们将其称为情感式营销。用户是有感情的,尤其是"80后""90后"这两代人。面对当前社会的主要年轻人,针对他们的内心情感进行营销,将取得巨大的收获。

情感式营销说得通俗一点，也可以称为打"感情牌"，其核心在于利用"人的感情"去做一些有利的事。比如某些公司，为什么一些员工宁愿不要更高的薪水，也愿意留下呢？其主要原因就是，公司的领导甚至是老板，经常对自己嘘寒问暖、关心呵护，让其体会到踏实和温暖。那么，在薪水相差幅度不是很大的情况下，员工自然更加愿意在这样具有人情味儿的公司继续待下去。

只不过这是生活中的"感情牌"，这种方式往大了说，也只能称之为帮忙，并不能称之为营销。我们做运营，是要将"感情"这一手牌，打向用户，打向客户，打向能够为我们产品埋单的大众。在我们的企业产品以及为人上，都没有给用户带来一定情感的时候，又该如何打出一手漂亮的"感情牌"呢？

企业想要打好感情牌，可以通过以下三种方式进行：抓住用户本身、抓住影响用户的人、抓住影响用户的事。

第一种，抓住用户本身。此方法主要用于勾起用户的回忆。通过再现用户童年所经历的一些事进行营销。其实我们不难发现，现在的"80后"和"90后"，他们的童年大多生活在农村，虽然没有现在优越的经济条件，但他们都想回到儿时那种无忧无虑的快乐时光。

比如现在火爆的自媒体，有一些自媒体人经常在平台上发布一些儿时的童年回忆，像黑白电视机、老式的课桌椅、贪吃的零食、玩过的玩具等。这些信息都能在平台上得到大量的关注和浏览，这就是典型的感情牌。

2014年5月一首《机器灵，砍菜刀》刷爆了朋友圈，哪怕到了今天，依然有许多人在听这首歌。这是一首完美的"回忆杀"歌曲，一句句勾起大众童年回忆的歌词，配上那一幅幅老式照片，再加以柔和的旋律，瞬间将我们拉回了童年。

无论是知乎还是贴吧，无论是微博还是微信公众号，我们总能找到惊人一致的评论，那就是"我听着听着就哭了"。没错，这首歌里的歌词记载了大多数人的童年。虽然创作者是"80后",但其影响的人群十分广泛,"70后""80后""90后"甚至现在的"00后",都能引起深深的共鸣。

第二种,抓住影响用户的人。生活中或多或少都有一些人会得到他人的帮助或者帮助他人。但真正能够影响到用户甚至众多用户的,我想除了儿时的那些明星之外,也不会再有其他人了。"80后"和"90后"这两代人都是看着香港电影长大的,比如成龙、李连杰、周润发等主演的电影。但要真正说到对这两代人产生巨大影响并且成功打出一手感情牌的明星,可能非喜剧之王周星驰莫属了。

"欠星爷的电影票该还了",这句话不用我说,你都知道当时带来了多大的影响力。仅仅凭这一句话,就勾起了整个"80后""90后"的童年回忆。这两代人的童年没有太多的娱乐节目可看,所以大多数时间都是通过观看香港电影度过的,尤其是周星驰主演的喜剧电影,给大家的童年带来了无数欢乐。

后来这两代人逐渐长大了,有钱了,也知道儿时所看的香港电影都是盗版的了。星爷陪我们度过了整个童年,我们却不能给星爷的电影奉上一张电影票。对于带有情感的人类来说,真的很难做到。

再加上"欠星爷的电影票该还了"这句扎心的广告词,用户对星爷本就带有一些亏欠的情绪,而且他所拍摄的电影往往都非常经典,大家自然更加愿意前往电影院捧星爷的场子。而这次打出的"感情牌",也让星爷的《美人鱼》突破了30亿的票房大关。

第三种,抓住影响用户的事。对用户造成影响的事有许多,但真正能够做到影响大众用户的事,可能只有自然灾难了吧。虽然提起灾难会让人有一种心痛的感觉,但不得不承认"感情牌"里不止包含了舒心的童年记忆,也包括了让人不忍提起的悲痛惨剧。只不过灾难最好不要用来做经济利益上的营销,这样只会激起用户的不满和谴责，但可以用来做悼念、怀念，在情感上得到用户的认可，并且传播。

2008年5月12日发生的汶川大地震，给四川人民带来了毁灭性的灾难。虽然已经过去了十年之久，但每年的5月12日都会有大量的媒体报道这件事，汶川大地震确实深深地印在了每个中国人的心中。而近几年自媒体的流行、公众号的火爆也让我发现，只要到了这一天，几乎所有的公众号都会发表关于汶川大地震的文章，当然多数都是以沉痛哀悼、报道当年受到灾难，以及如今坚强生活的人群为主。哀悼是为了纪念这一事故而报道那些人如今的生活状态，更是为了激励现代年轻人要勇往直前的正面宣传。

以上三种打"感情牌"的方法均能在营销中用到，并且百试百灵。更何况能引起用户感情的方式也有很多，自身方面、衣食住行都可以。影响的人方面，最近"欠达叔（吴孟达）的电影票也该还了"这样的句子也在朋友圈中传开。影响的事方面，除了汶川大地震之外，还有泥石流、台风、人贩子，以及涉及道德方面的家庭悲剧，都能带动用户的感情。

只要我们善于发现生活中的细小事情，激起用户内在的情感共鸣，必然能打出一手漂亮的"感情牌"，让用户帮助我们的企业和产品广泛传播。

## ✳ 深度挖掘，推动连锁反应

为什么有些企业的产品，用户在没有使用过的情况下，就轻易下单？而有些企业的产品，包装再好、再完美也无人问津呢？请记住，现在是一个互联网营销的时代。营销并不是单纯地打个广告，而是需要深度挖掘用户的内在需求。生硬的广告是无法打动用户的。用户在并不了解产品好坏的前提下，更多的是通过脑袋里的联想进行判断的。所以我们做营销的目的就是让用户跟随我们的广告进行自然联想,并且消费。

所谓连锁反应指的是通过某件事的开端,而引发其他相关事物发生变化。比如某人抽了一根香烟,没有掐灭就丢在了草丛中,没过多久,整片草地都被点燃了。

当然,我们是做运营、是营销人,自然只会考虑营销范围的连锁反应。那么在营销领域的连锁反应都有哪些具体的表现形式呢?这里通过两个方面为大家介绍:一是女性爱美,二是男人爱酷。请以换位思考的角度,进行连锁反应的联想。

图6-4 营销领域的连锁反应

女性爱美,试问哪个女人不想自己变得美一点呢?如果作为女性的你,看重一件非常漂亮的衣服的时候却舍不得花钱购买,那么不妨大胆想一下,当你买了它之后,你能成为聚会中的焦点,同行的姐妹会向你投来羡慕的眼光;公司帅气的男生也开始频繁和你搭讪;甚至因为穿着这身漂亮的衣服,偶遇前男友,让他觉得悔不当初。于是经过这一系列的连锁反应思考之后,你终于下定决心购买这套衣服。

男人爱酷,当你希望拥有一副让人羡慕的身材的时候,你兴冲冲地跑向健身房,打算办理一张健身卡。但面对高额的费用,又是什么样的动力使你下定决心办下来的呢?同样也是脑海里幻想的连锁反应。健身完毕之后,你会拥有一身健硕的肌肉,身上的八块腹肌让你昂首挺胸;身着修身衣的你引来无数女同事的关注。

无论是漂亮的衣服,还是办理健身卡,这些东西对于普通的你来说都不便宜。可你依然忍不住,买买买,甚至剁手都挡不住你购买的欲望。单凭漂亮的衣服、健身其实是无法打动你的,打动你的是你背后的潜在需求。所以企业可以通过广告文案、视频传播等营销模式,让用户跟随我们的脚步产生一系列联想的连锁反应,最终产生消费行为。

吃早餐是国人的一个习惯,但由于长期处于高度压力的工作状态,现代人为了多睡一会儿,宁可不吃早餐。但是不吃早餐始终是有危害的,所以许多上班族往往会图个方便和节省时间,选择在街边购买早点。只不过这样也会遇到别的问题,一来不卫生,二来也只能填饱肚子而已。买来的肯定不如自己亲手做的干净、卫生,再加上,现在生活条件越来越好,能够自己动手做早餐的主妇也越来越多。为了满足这些勤于动手的主妇需求,"早餐机"这款产品诞生了。

在广东顺德就有这样一款早餐机,并且销量极其火爆。而销量火爆的来源正是因深度挖掘了用户需求而引起的连锁反应。比如当我们通过这款产品烤面包的时候,他们不是告诉你怎么烤,而是告诉你烤出来的结果,一边软一边脆的两面派,听起来就让人流口水。再比如在操作上,他们是这么写的:"一按一旋转,老人小孩也懂得做早餐",让人明白操作是十分简单的。

如此方便的一款产品是不是深受你的喜爱呢?只不过还有一个最重要的顾虑没有解决,那就是价格。这款产品的价格不算高,售价200多元。面对这个价格,消费者并不是接受不了,而是不知道效果如何。如果买回来还不如平常蒸个包子方便,岂不是得不偿失了?

在引发这个连锁问题的基础上,该企业的运营负责人深度挖掘,并最终想到了解决的办法。家庭主妇一般是妈妈,尤其是年轻的妈妈。她们的心头肉往往是自己的孩子。我们不妨试想一下,这款操作简单的早餐机,孩子也能操作,如果自己年幼的孩子能亲自动手操作,并为作为妈妈的你端上一份热气腾腾的早餐,这个画面是多么的美好。对于年轻的妈妈来说,这个卖点的杀伤力是十分巨大的。

当然,这款早餐机的目的还是为了让年轻的妈妈们能够多睡一会儿,于是这款产品的宣传语,又加上了这样一句话:"五分钟出餐,让你睡到自然醒。"

由做早餐引发的一系列连锁问题,都被企业一一挖掘出来。面对这一系列的问题,早餐机就能完美解决。现在不买,更待何时呢?

案例中的早餐机其实只是个例,其他产品也同样可以做到。只要我们在运营产品的过程中多多利用连锁反应这一特性,深度挖掘用户的内在需求,比如消费者为什么要买这款产品?这款产品能给消费者带来什么好处,价格更优还是品质更好,我已经有了同类产品,为什么要再买一个?等等。这一系列问题其实都是由连锁反应产生的。

所以要想真正将企业的产品销售出去并取得巨大的销量,在运营的过程中,深度挖掘用户的需求,将用户脑海里的连锁反应通过换位思考的方法进行模拟,最终以完美地解决用户的需求为核心,才能真正实现企业利润的最大化。

## 第七章

## 『另类侠』大数据:深度洞悉才能成功裂变

## 大数据让传播更有针对性

在传统营销时代，许多企业处于一种"盲人"过河的状态，产品卖到哪儿算哪儿。根本无法完全做到有针对性的产品销售，更别说通过营销布局实现快速大规模获利了。不过，现在是移动互联网的营销时代，这种针对性的营销已经可以完美实现。但要想实现这种针对性的营销，必须借助当前一项十分普及且传播广泛的技术——"大数据"。

在曾经的互联网时代，尤其是2010年以前，当时的营销人为了最大范围地扩充自己企业的产品，往往会选择在大量的媒体平台上发布各种硬性广告。确实，这样的模式在当时为许多企业带来了数不尽的财富。但随着"90后"年轻的一代人登上社会的舞台，他们独特的个性使得这些硬性广告开始变得毫无作用，甚至会让他们觉得反感。正当众多企业无法真正读懂现在的"90后"甚至"00后"，不知道该如何针对这些人进行营销的时候，大数据诞生了。

大数据的出现完美地解决了当前年轻人所关注的问题，并且通过大数据的分析，企业更加清楚他们喜欢的是什么，这让企业的产品传播起来更具有针对性。那么，为什么大数据这一技术能有如此强大的作用呢？这主要取决于它的三大功能：第一，可以掌握用户的喜好；第二，可以实现差异化营销；第三，可以深入挖掘细节。

图 7-1　大数据的三大功能

**掌握用户的喜好**

现在许多用户并不是需要什么买什么，而是喜欢什么买什么。所以掌握用户的喜好才能真正将更适合他们的商品销售出去。用户面对自己所喜欢的内容或产品时，自然更加愿意停留和购买。

在大数据没有出现之前，用户每次进入一些网站都会蹦出一些广告，但这些广告都是随机的，并没有针对性。随着大数据的出现，许多企业开始借助这一技术，根据用户在百度、淘宝、腾讯以及微博等大型平台浏览或搜索的记录，更加有针对性地推荐用户喜欢的产品。

今日头条在2015年开始使用大数据这一功能。当用户第一次使用今日头条的时候，用户所喜欢的文章都会被记录下来，并且在相关推荐和头条推荐里，为这些用户展现他们所喜欢的内容。

后来，今日头条将这一功能放大，入驻今日头条的作者所发布的文章也会在头条首页展示。曾经有不少自媒体新人在发布文章之后，看到自己的文章被推荐到首页，不停地在群里炫耀。但其实这不过是今日头条使用大数据这一技术，掌握了作者的信息而优先推荐给作者自己看而已。

这一功能在淘宝、微博，甚至是简书都有。当然前提是，用户需要登录这些平台。如果用户退出该平台，那么推荐的内容也将不再展现。其核心原因是：用户都没有登录，该平台的大数据又怎么知道用户的喜好呢？

**实现差异化营销**

数据不仅能够根据用户的搜索习惯掌握用户的喜好，还可以深度挖掘用户的潜在需求，实现真正的差异化营销。比如女性都爱漂亮的衣服，但通过大数据则可以准确地分析出每位女性喜欢什么款式、什么颜色，针对不同的女性给予不同的推荐。

当我们走进一家普通店铺的时候，店员会给我们菜单让我们自行点餐，并没有太多的推荐。但当我们走进一家带有大数据信息的店铺时，我们会发现在不同的时间走进这家店铺，店主所提供的产品是不一样的。

举例来说，我们在一家快餐店排队等吃的，如果等待的时间过长，那么在电子菜单上会显示能够快速食用的食物。但如果等待的时间并不长，则会在电子菜单上显示利润偏高且等待时间偏长的食物。

这就是大数据带来的好处，针对不同的顾客，满足不同的食物需求。

**深入挖掘细节**

所谓细节决定成败，一家企业很容易因为忽视了某个细节问题，而被其他同行吞并。这主要是因为传统企业只是为了解决用户的基本需求，而现在在大数据的掌控下，更应该注意的是，提前为用户解决潜在的需求。

一款手机装载了多款App，这已经是大家习以为常的一件事。但为什么微信依然要开发出小程序这款产品呢？就是腾讯通过大数据分析出用户在操作上的两个小细节。

第一，App需要占用手机大量的内存空间，而用户都希望将各种照片、视频存在手机里。这样一来手机的空间越来越小，手机也会越来越卡。第二，用户每次使用某种功能的时候，都必须切换到对应的App才能使用。频繁的操作也让用户觉得不方便。

但这只是不便而已，用户并没有因为这两个细节问题而放弃使用手机和大量卸载App。只不过腾讯发现了这两个细节问题，并且完美解决。

首先，微信小程序不会占用手机的任何存储空间，随用随走。其次，用户经常使用微信聊天，想要使用某种功能，直接在微信里就能找到。并且用户经常使用的功能其实并不多，又可以通过最近使用的小程序快速找到，十分方便。

无论是腾讯这种大型企业，还是身边的小型快餐店，掌握"大数据"这一营销技术，将是企业走向成功的快速途径。通过对大数据的灵活运用，我们可以快速发现用户的不同需求，然后根据用户的不同需求进行针对性的营销，以此来提升企业的收入并进行快速发展的战略布局。

## ✳ 大数据让你预知未来

有一个朋友，他曾在创业的时候给自己明确的定位，该做什么样的行业才能真正取得成功。由于他是网络营销出身，所以通过营销的角度建立了三个可选的方向体系。第一，流量巨大的行业——但是他做不了。面对日益饱和的网络市场，想要做流量巨大的行业，十分困难。第二，毫无市场的行业——但是他不想做。一个根本没有市场的行业，做得再好也不会有用户。第三，做有趋势的行业。作为一个熟悉网络运营的老兵、对各行各业都有所涉及的他来说，更加青睐这个方向。并且他也成功地通过这些市场抓到了机会，并获利数十万元。而这一切的利润来源，都归功于其对大数据的灵活运用，让他看到了趋势，看到了短暂的未来。

说到能够预知未来，可能会让你觉得这是天方夜谭。我们又不是《海贼王》里的卡塔库栗，拥有一流的见闻色霸气。我们更不是神话故事中法力无边的神仙，怎么可能预知未来呢？其实所谓的预知未来并不是真的知道，而是通过对身边的事物进行了解，加上经验以及数据分析，最终得出在未来的某段时间可能会发生的事。比如《三国演义》中的诸葛亮不就是通过预知未来成功借到了十万支箭，才有了"草船借箭"这一历史典故吗？但他是真的知道未来吗？当然不是。他只是通过对当时的天气情况进行分析，并且懂得天文地理这一专业知识，所以才知道了将会在什么时间起大雾。

当然古代并没有大数据这个概念，但我们可以肯定的是，未来确实是可以预知的。只不过，这种对未来的预知并从中获利，也只是短时间的。其原因在于，一旦某款产品能够快速获利，将会有许多企业疯狂涌入。而那个时候，在没有绝对竞争力的情况下，我们必须选择快速脱离这个市场，以免发生恶意竞争。

2015年，有个朋友刚成立了一家金融公司，他偶然接到一个朋友的邀请，让他去深圳前海股权交易中心参加一个活动。当时他们正在推一款名叫"新四板"的产品。只不过作为营销人的他根本没有听说过，活动的内容他也没有太认真去听。但当时在他脑海里闪过一个"这或许是一个趋势"的念头。

回到自己的公司之后，他立马开始在网上调查关于这一产品的详细资料。相比一些运营人可能会更关注"新四板"是什么，他关注的是在网络上有没有关于它的大量信息。他通过百度指数这一大数据分析平台很快确定，这款产品在网上的曝光度很低。后来通过他的多方打听发现，虽然代理这款产品的企业很多，但大多只是进行线下的电话销售。

面对这两大信息，他更加坚信，能够从这款产品中快速获利。于是他疯狂地在互联网上发布关于"新四板"的资料，当然大多数都是以高转化的搜索词为主。比如"新四板怎么挂牌""新四板挂牌需要多少钱"等。很快他所发布的信息，在百度上占据了大量排名。

由于这款产品是由国家大力支持的，用以帮助中小企业挂牌融资服务，加上许多电话销售给中小企业老板打电话，介绍这款产品，慢慢地，越来越多的用户开始在网上搜索新四板，并与他联系。后来挂牌上市的企业越来越多，而他作为中间商自然也赚取了不少利润。

借助百度指数这一大数据分析平台，这位朋友针对新四板这个关键词做了分析，加上了解到许多代理商的销售人员会给客户打电话，这些客户自然会在网上进行搜索，相当于变相为他做宣传。通过对这两大数据的了解，他自然很快就能确定新四板在短时间内的未来是十分明朗的。

无独有偶，这自然不是他创业生涯中唯一一次通过大数据的分析，对未知的未来进行预知。比如在2015年的时候莱特币每个只有8~10元，到2017年涨到了每个480元。虽然他没有买多少，但也赚了一些。再比如2016年底微信小程序刚刚上线，那时候关键词抢注并不火爆。而他也通过互联网的大数据明显感觉到小程序的未来一片光明，自然也能带动各行各业在小程序里的竞争排名。而且他通过参加民营医疗大会这样的活动，再次感受到民营医疗将会在2017年大规模进军小程序。所以他开始抢注一些火爆的关键词，并转手以高价卖给对应的企业。

在这位朋友创业的这些年中，真正让其预知未来的有三件事，但无一例外都让他从中获得了一定的利润，而且都是通过对大数据的分析。只要你善于发现生活中的一些事，无论是人人都能接触到的大型领域，还是某个独立的企业，都能从中找到一些值得投入的事。但一定要记住，必须通过大数据进行合理的分析，而不能轻易下定论。至少任何一项能够让我们获利的产品，都是需要投入一定的金钱和时间的。

通过合理掌握大数据这一先进的营销技术，我们将成为营销领域的"诸葛亮"，真正做到成功地预知未来。

## 与数据共舞，创意百变

我们都知道，在设计行业创意十分重要。一个绝佳的创意设计会给企业带来意想不到的收获。但随着移动互联网时代的到来，创意开始在各个领域逐渐开花，如创意营销、创意文案、创意视频、创意广告等，各种创意瞬间席卷了整个互联网，并且在用户身边广泛传播。只不过我们要思考的是，这些创意是怎么来的？难道靠单纯的凭空想象，就能打造出如此绝佳的创意吗？实话告诉你吧，这一切的来源都是大数据。

如今用户对纯粹的硬广告越来越没有感觉，许多大型企业推出的硬广告也只是为了增加企业的曝光度。但不可否认的是，现在更多的企业都更加重视创意广告。曾有这样一句话在用户网上传播，"以前看电视，遇到广告就去上洗手间。现在看电视，遇到电视剧才去洗手间"。当然这句话有点夸张，只不过我们也可以从侧面感受到，现在的广告越来越有创意，所以才能吸引用户观看。

微信在朋友圈设置广告投放，当时有许多人奇怪，为什么自己看到的和别人看到的不一样？有的人看到的是宝马，有的人看到的是vivo手机，有的看到的是可口可乐，而有的人什么都没有看到。其实这都是大数据所展现的威力，宝马、vivo手机以及可口可乐背后是三种不同的用户群体。我们看到的广告之所以不一样，是因为广告方通过对大数据的分析，将用户消费得起的广告推送在他们的朋友圈。尽管这种营销模式不能称为创意,但用户通过调侃的模式将这种广告形式推上了隐形创意的宝座。比如看到的是宝马,那证明你是土豪贵族;看到的是vivo手机,那可能是白领中产阶级;看到的是可口可乐,毫无疑问是草根一个;什么都没看到,那很抱歉,你已经被微信放弃了,因为你什么都买不起。

当然这些都是网友的调侃,并不是微信主动提出来的。只不过毫无疑问,这种隐形的创意将微信的热度又提升了一个层次。无论广告商投放的效果如何,微信始终是赚到了。

如今大数据越来越普及,怎么在掌握大数据这一前提下,创造出符合用户心理的创意广告呢?第一,从用户的生活点滴出发;第二,让广告更具有生活乐趣。

**从用户生活点滴出发**

用户的圈子其实并不大,他们大多围绕自己以及身边的朋友圈,基本不会特别留意企业的品牌,除非正是自己眼前需要的产品。所以营销广告的内容应该从用户生活中的细小事物开始,掌握用户心里的想法,并且以第二人称的口吻向用户推送企业的品牌形象,而不是自我感觉良好的纯粹包装。要让用户发现企业的广告与自己生活中所需要的产品正好相吻合。这种情况下,用户自然会开始慢慢关注这些品牌,并且逐渐传播开来。

**让广告更具生活乐趣**

为什么现在许多企业会找年轻的当红明星做广告呢?主要是因为他们能够配合企业的创意,拍摄出一些具有生活乐趣的广告,而不是年迈的明星拿着一款产品硬生生地念着广告词。企业向用户推送创意广告的时候,更希望用户能够参与、评论、分享以及转发,这些互动功能都能激起用户的内心欲望。

杜蕾斯无论是在文案,还是广告创意方面,都值得运营人学习。杜蕾斯的创意广告有很多。我们都知道杜蕾斯是一款什么样的产品,其核心作用是什么也不用我多说。尤其是男性，对于这方面非常在意。

杜蕾斯的许多创意广告都是通过收集用户的数据并经过分析才最终形成的。上面的案例也不例外，它将用户喜欢小游戏的爱好以及内心的潜在需求和自己的品牌结合起来。这样一来，用户在玩小游戏的同时不仅满足了自己的内心欲望，更记住了杜蕾斯这款独特的产品。

所以无论现在的你正在运营哪个行业，都必须重视对大数据的掌握，并且通过大数据的分析以及对用户人性的探索，不断创造出具有创意的原创内容广告，这样才能真正达到全面营销的目的。

大数据的时代已经到来，结合大数据实现完全智能化的营销时代也已经到来。无论是大型公司，还是小众企业，伴随着大数据这一技术与创意相结合，将是未来最佳的营销方式。

## ✵ 天下武功，唯快不破

《功夫》这部电影想必很多人都看过，在影片中有一位名叫火云邪神的人物。当他被周星驰所扮演的小喽啰从精神病院带出来之后，面对斧头帮的各种杂兵，他说了这样一句话："天下武功，无坚不破，唯快不破。"接着拿出手枪对准自己的太阳穴开枪，并成功接到了子弹。确实，火云邪神的武功已经到了出神入化的地步。尽管最后被周星驰这一主角打败，但他说的这句话依然是对的。

正所谓"以势赢者势颓则衰，以力胜者力尽则亡。唯有速度，方可破天下武功"，这句话的意思是，因为气势强大而取得胜利，当没有气势的时候就会衰败。因为力气大赢了对方，没有力气的时候也会灭亡。但只要速度在，先发制人，在对手没有出招之前就将其制服，才是永远的赢家。

其实"天下武功，唯快不破"并不只是在电影中才会发生，生活中也比比皆是。只不过不能从武学的角度去理解，而应该从营销的角度。从营销的角度我们可以这样理解，第一时间获得大数据所带来的信息，并且快速进入营销布局的实操阶段，在最短的时间内获取最多的利润。

怎么才能在第一时间获得大数据所带来的信息呢？这里为大家介绍三种方法：第一，多关注大型企业发布的最新产品；第二，多参与线下的分享活动；第三，多和行业里的名人进行交流。

**多关注大型企业发布的最新产品**

尤其是现在以互联网为核心的BAT三大企业。他们往往会在微博、公众号等大型平台发布一些最新的内测产品。以微信小程序为例，这个概念在2016年被提出，率先加入战局的企业，无论是代理商还是开发商，到了今天都已经获得了丰厚的利润。

**多参与线下举办的各种分享活动**

尽管现在是互联网的时代，但许多企业依然会在线下邀请一些行业里的人参加某些活动，同样多用拿到的最新产品进行宣传，以此来扩充自己的销售渠道。

比如之前所说的那位朋友从新四板这一产品中获利的案例，就是通过参加线下活动，进行了解之后才赚取了利润。只不过一定要记住，我们所从事的是互联网营销，而这些产品是在线下传播的，要看它在线上的热度。所以通过线下获取的一手信息，最好满足以下两个条件：第一，线下火爆。有许多代理公司会通过电话销售的形式将该产品告知需要该产品的用户；第二，线上冷门。越冷门代表越有前景，加上线下的火爆，必然会引导至线上爆棚。

多和行业里的名人进行互动、交流。每个行业都有十分出名的人，如果我们能和这些人达成一种相识的关系，那么在行业里对我们是非常有利的。而且这些名人所知道的往往都是最新信息，他们会通过内部讨论最后决定去做某些事。只要我们与这些人进行适当的交流，哪怕不能参与进去，也能通过这些信息获利。

以上的三个方法都是抓住速度取胜的方法，但核心在于一定要去执行。哪怕我们拥有快速获取利润的来源却不去操作，也只能是"竹篮打水一场空"。这就像我们拥有以速度破敌的高超武功，却在关键时刻不出手，那么，即使有再高超的武功，也会被对手所击败。

所以一定要记住，不止有"天下武功，唯快不破"，更有"世间利润，唯快而行"。抓住合适的时机，以最快的速度参与其中才能获取最多的利润。

## 数据无限，机会无限

数据可以决定一家企业的生死存亡，企业可以通过对数据的分析做出调整，调整得当可以将企业拯救于危难之中，调整不当也很容易将企业推向万丈深渊。

由于现在是互联网的时代，所以许多企业的运营人并不能到达某个地区，对当地的市场进行详细了解。但随着大数据的诞生，企业发现通过对这些数据的分析，不用去实地考察，也能完全掌握当地的市场行情，并从中发现商业机会，从而打造出适合当地人群的产品。

曾经我们都说"时间就是金钱"，这是从另外一个角度告诉大家珍惜时间。而现在是大数据时代，圈子里同样流传着"数据就是金钱"这句话。甚至有不少资深的运营人爆出这样的金句："只要给我数据，我就有无数机会赚取丰厚的利润。"

在大数据的移动互联网时代，"数据即资产"的概念逐渐成为企业的核心。比如腾讯掌握用户的社交数据，百度掌握用户的搜索数据，淘宝掌握用户的购买数据，等等。这些拥有高价值数据源头的企业，无论从事什么事情，都会有无限的机会，只是这些企业认为值不值得做而已。而这无限机会的来源，正是那源源不断的用户数据。这就是我们所说的"数据无限，机会无限"。

只不过在日常的运营过程中，许多中小企业对数据这块领域显然没有那么重视。核心原因在于，数据太过缥缈。但只有真正掌握数据的运营人，才能站在企业的核心地位，并通过数据变现迎来巨大的发展空间。

我们已经知道数据是非常重要的，但数据的优势又具体表现在哪几个方面呢？在我看来有三大优势：第一，变现优势；第二，时间优势；第三，资源优势。

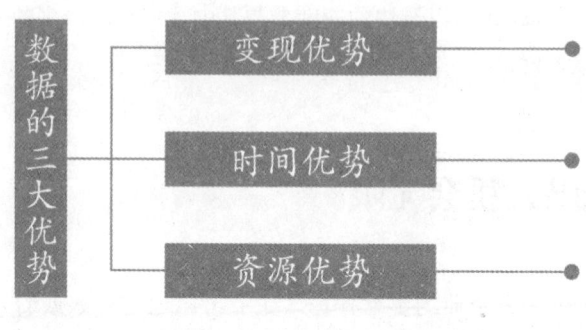

图 7-2　数据的三大优势

**变现优势**

数据给众多企业带来了巨大的发展机遇。无论是行业巨头，还是创新型创业公司，通过数据这一功能，都成功实现了变现。

往大了说比如共享单车，正是结合了大数据进行分析，才掌握了用户中短途出行的习惯，创造了共享单车进行变现。往小了说比如现在的自媒体人，他们通过对读者粉丝的了解，创造出对方喜欢的文章或视频，从而获得巨大的流量并收取打赏进行变现。

**时间优势**

相比其他国家而言，我国的大数据体系其实并不完善。这就给许多企业创造了机会。企业如果通过收集自己行业或其他行业的用户数据，并加以结合，必将能掀起新一轮的创业机会。

**资源优势**

我国人口众多，每个用户都有不同的习惯与爱好，而这些都属于数据中的一部分。无论是个人还是企业，只要掌握极少部分的数据，都可以改变自己的生活。

如果是大型企业，更有可能通过这些数据改变整个用户群体的生活。

虽说现在电商行业已经十分普及，用户需要任何产品都能通过一些大型的电商平台进行购买，但面对高价值的奢侈品，为了安全和放心考虑，大多数用户更乐意去线下实体店，进行现场试用。

在中国有一家比较出名的奢侈品商店，该商店主要以销售各类高档礼服以及名牌箱包为主。这家奢侈品商店曾经一度处于经营困难的状态，尽管他们的店铺有许多用户前往，但有些商品的销量非常差，在没有任何数据作为基础的前提下，只能选择将这款产品放弃。

后来该企业引进结合大数据这一观念之后，将所有的奢侈品都贴上了专属的条形码。每当顾客将自己看中的商品带进试衣间的时候，试衣间里的感应器就能识别，同时将该数据传输至总部的电脑。比如这件商品被带进试衣间的时长，如果该商品的销量很差，却被许多用户带进了试衣间，这就说明有其他问题存在。

很快他们发现，那些销量比较差的产品并不是因为商品质量有问题，而是商品在制作的过程中忽视了某些细节问题。通过对这些用户的数据收集，并进行调整，商家很快将相同款式的商品做了细节上的修改，并重新运回商店。果然，当这些细节问题处理好之后，那些销量差的商品一度处于脱销的状态，成功将这家企业从经营困难中拯救了出来。

案例中的这家商店之所以取得成功，主要原因在于通过对用户的数据收集，发现了新的突破方向。如今的大数据时代，任何一个行业都隐藏着许多商业机会，只要我们通过不断地收集各种符合自己行业内的数据，并对这些数据进行整理和分析，必将会找到值得改善的地方。而这些改善的地方正是我们所运营的企业能够取得重大突破机会的来源。

# 第八章

# 粉丝裂变，从粉丝兵团到价值用户

## ✷ 未来的品牌没有粉丝迟早会死

为什么电视剧、电影以及广告会找当红明星进行拍摄，最根本的原因就是他们拥有大量的粉丝。这些粉丝会因为所喜爱的明星参与，从而走进电影院或购买广告中的产品，企业则可以从中获利。

只不过随着移动互联网的诞生，粉丝不再只是明星的专属。任何一个人或企业，只要在某个领域通过自己的努力不断积累用户并且满足用户的需求，都能拥有属于自己的粉丝。比如，微博上的各种搞笑博主，以及今日头条、公众号等自媒体平台的原创作家，他们或多或少都有一些粉丝。甚至企业也不例外，小米有米粉，魅族有魅友，华为有花粉。而这些粉丝最终都会成为企业重要的收入来源，我们将其称为"粉丝经济"。

"未来的品牌没有粉丝迟早会死"，之所以这么说，主要是因为现在是营销时代，而不再是曾经的销售时代。营销与销售的本质区别在于，营销是为了更好的未来而布局，比如前期的网站搭建、内容建设、图片修改、竞价投放都属于营销的范围。销售则是卖一单算一单，比如买一批用户资料，就开始疯狂地打电话，成交一个算一个。在互联网诞生之前，销售是一个耳熟能详的词汇，而且更多的是电话销售以及上门推销。但随着互联网的诞生，营销开始被人们所熟知，并且越来越重要。

用户为什么会购买明星所代言的产品，是因为明星与用户之间产生了一个共识，这个共识叫作信任，并且粉丝对自己所关注的对象是十分信任的。面对自己所信任的对象推荐的产品，作为粉丝的自己自然愿意掏腰包进行购买。

互联网早期有这样一句话："得草根者得天下"，之所以这么说是因为当时真正懂互联网的人并不多，而且当时我国的经济水平也并没有现在这么发达。只不过这句话拿到现在来说已经过时了，现在应该被改为"得粉丝者得天下"。同样是因为现在懂互联网的人越来越多，他们知道自己更需要什么，加上经济的快速发展，面对低品质的产品，用户在有了一定的经济实力之后，低价并不能真正吸引他们。

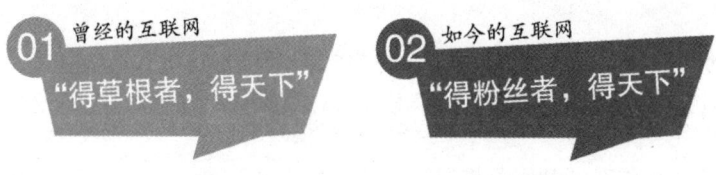

图8-1　互联网时代的变迁

"得粉丝者得天下"，无论你是当红明星，还是大型企业的品牌产品，甚至是小有名气的自媒体人，你都应该清楚地知道：没有粉丝你将不再是明星而只是路人；没有粉丝你将不再是品牌产品，而是无人问津的路边摊；没有粉丝你将不再是自媒体名人而是草根。

近几年通过粉丝获得大量利润的企业非常多，比较出名的非苹果和小米手机莫属。

如今苹果手机的全球销量已经达到了10亿台，每年的苹果手机新款发布会都会吸引无数的果粉参与，并且争相购买。为什么苹果手机能够如此火爆而风靡全球呢？除了其先进的产品技术之外，更重要的是它的光辉背后有着数十亿粉丝的忠实支持。

据有关数据报道，目前全球正在被频繁使用的苹果手机达到了7亿多台。也就是说，每天有将近7亿用户在为苹果手机做营销宣传。这么庞大的粉丝群体，支撑着苹果手机不断向前。

而雷军所创办的小米，也吸引了无数米粉的参与。"因为米粉，所以小米"，这是小米官方的广告宣传标语。因为有了米粉的存在，才有了小米手机。这就相当于明星对粉丝说，因为有了你们，才有了我的今天，这句话在粉丝心中的杀伤力是极大的。

小米手机不仅在技术上跟随世界的脚步，而且更加注重用户体验。开放的小米社区吸引了众多米粉的参与和互动，他们所提供的建议直接影响着小米的功能开发。

小米正是通过让粉丝"当家作主"，让他们有一种决定权，觉得自己能够参与进去，成为小米中的一员，而这种参与感会无限放大他们的内心情感、成就感与幸福感，使之瞬间爆棚，这样才得以吸引无数米粉。而这种感觉的放大也恰恰弥补了小米在其他方面的不足。

无论是苹果还是小米，其品牌之所以能够取得成功，正是拥有了强大的粉丝群体。当然不只这两家企业，全球众多的大型企业都是依靠庞大的忠实粉丝才逐渐走到了今天。这些企业通过创造出一款甚至多款产品，吸引用户参与，并且不断地创造满足用户需求的产品，最终让用户成为产品或企业的铁杆粉丝。比如小米手机的火爆带动了小米盒子、小米电源等多款产品。

毫无疑问，未来必将是"得粉丝者得天下"的群雄割据时代。许多中小企业开发的产品其实并不输给大型企业，而是输在自己没有粉丝群体。一个没有任何粉丝支持的产品，开发得再完美也不会有人购买。

因此我们在运营产品的过程中，可以通过创建社群的方式吸引用户参与，并对这些用户进行精心维护，让他们能够在社群中找到归属感；不断完善用户所提出的建设性意见，从而提供更加有助于用户的产品。只有为用户创造满足他们内心价值的产品，才能让他们成为企业的粉丝，并为满足他们内心的产品而埋单。

"未来的品牌没有粉丝迟早会死"，这不再是一个销售的时代，而是运营思维的时代。在当前的市场环境下，充分利用"粉丝经济"才是让企业走向成功的明智道路。

## 马太效应：粉丝越多，成本越低

1968年，美国一位十分出名的科学家在宴会上认识了一个并没有什么名气的学者。在交谈的过程中，他发现这位学者也发明过许多产品，而且这些产品与市面上比较出名的产品并没有太大的区别。只不过这位学者没有丝毫名气，学术性的大奖也给了那些声名远播的科学家。

于是他得出了这样一个结论："任何个人和企业，在某个方面获得成功和进步，通过不断的积累会产生一种积累优势。而这个优势将会不断放大，最终影响这个人和企业的最终发展。"而这个结论，就是闻名世界的"马太效应"。

最初这种效应只是一种心理学上的研究，但不可否认的是，马太效应的核心也能在营销这一学科上使用。马太效应的核心是两极分化，一旦某个事物被无限放大，将会直接影响另一件事物的变化。

马太效应这一理论在营销学上告诉我们："企业的成本会因为消费人数的增加而呈现一种降低的趋势。"

"粉丝"这一关键词的火爆主要来源于微博，我们就以它为例。假设某家企业想在微博投放广告，他们分别找了两位大V，同样投下10万元的广告费。其中一位大V张某的粉丝有50万，而另外一位大V李某的粉丝有40万。通过对两位大V的微博投放，发现转化率均为10%。最终张某的微博为该企业带来了5万用户，成本为2元/个；李某的微博为该企业带来了4万用户，成本为2.5元/个。

这就是典型的粉丝越多成本越低的例子。在相同预算、相同转化的前提下，将广告投放在张某拥有50万粉丝的微博下，成本明显要低于李某的40万粉丝。这足以证明，积累粉丝的重要性。

因此，拥有大量的粉丝成了降低成本的关键。如果你也想拥有大量的粉丝，可以按照以下三个要点进行：第一点，原创更有价值；第二点，渠道吸引用户；第三点，维护带来忠诚。

第一点，原创更有价值。

如今的互联网信息曝光速度是非常快的，但前提必须是原创。原创不仅是内容，产品也是如此。没有哪个用户会因为看到转载别人的文章、抄袭其他企业的产品，而成为其粉丝。

第二点，渠道吸引用户。

现在微博、微信、今日头条、搜狐自媒体、快手、抖音等平台都拥有大量固定的用户群体。我们不能只在一个平台上发布信息，应该通过不同的渠道，最大限度地曝光，并留下联系方式，以此来吸引更多的用户参与。

第三点，维护带来忠诚。

将用户引到所创建的社群之后，已经完成了第一步。只不过刚刚加入的用户还不能称其为粉丝，他们只是出于好奇或临时需要而加入。在这之后社群运营人需要不断的维护，给予用户一定的好处，时刻关注他们的最新动态，为参与到社群里的用户提供更多更好的服务，以此来增加用户对社群的好感，最后成为忠实粉丝。

有个人从事金融行业多年，后来自己开了一家金融公司，对网络营销一窍不通的他，只能雇用一些客服通过电话销售的形式吸引客户，可是效果非常差。十多个员工每个月只能带来几个客户，员工工资比客户带来的收入还高，让其入不敷出。

后来他找到一位朋友，希望朋友能帮忙做下推广。朋友说："其实最好的推广，就是将你的客户变成你的粉丝。"他很不解地说道："我又不是啥名人，哪有啥粉丝啊？"朋友告诉他现在自媒体这么火爆，关注金融信息的用户数不胜数，如果你能通过写文章的方式，吸引这些用户加入你的圈子，到时候这些用户自然而然会成为你的粉丝，早晚会为你的产品埋单。

在听取了朋友的建议之后，他开始坚持撰写关于金融方面的文章。由于具备丰富的工作经验，他写出来的文章也具备相当的水准。后来朋友又提醒他需要将他的联系方式曝光出去，最好建立一个微信群，吸引这些用户加入。果然没过多久，他的微信群开始有许多人加入，而他与每个加入的用户都有过深入的交流，并为他们解决投资上的问题。慢慢地，这些人将他奉为金融专家，后来他开始尝试在文章中提到他所代理的金融产品。果然有用户看到之后前来咨询，并进行投资。

就这样经过了一年的时间，他的自媒体平台以及公众号吸引了上万名用户的关注，微信群里的忠实粉丝也达到了数千名。这数千名粉丝中，为数不少的人开始投资他推荐的理财产品。这个时候的他几乎没有任何成本的投入，全部都是纯利润。

这位朋友的公司，从最初的成本巨大、入不敷出的亏损阶段，到后来完全零成本投入，这一切都是粉丝带来的，积累大量粉丝，就可使成本直线下降。

这也是为什么明星、名人都能快速获利的原因。他们在拥有大量粉丝的前提下能够将成本控制在最低范围内。而在粉丝越多、成本越低的前提下，利润自然也就能达到最高。所以通过原创内容积累粉丝，已经成为当前顶尖的营销模式。

在传统网络营销的SEO时代"流量等于钱"是王道，而如今在全民创新、百花齐放的移动互联网时代，"粉丝等于钱"才是真正的王道。

# 脸书的10亿用户值900亿美金

脸书（FaceBook），是一款由马克·扎克伯格于2004年在美国创办的社交平台。时至今日这款产品已经享誉全球，成为一款大众所熟知的知名产品。它是一款世界排名顶尖的照片分享平台，截至2013年11月，该平台每天上传的照片达到了3.5亿张，截至2015年8月该平台单日用户破10亿，成为单日用户活跃度最高的网络平台。

如今判断一款产品的价值，往往会涉及金融领域的一个关键性词汇"商业估值"。人们通过商业估值，可以判断出该产品是否具备更高的金钱价值。但是，估值出来的金钱数并不等于实际金钱数，估值也只是通过商业评估、市场调查、数据分析得出一个预估数字。相关机构通过这个预估数字，可以让投资者看到该产品的未来，以此来获取更高的融资金额。虽然是预估数字，但也具有非常可信的参考度。

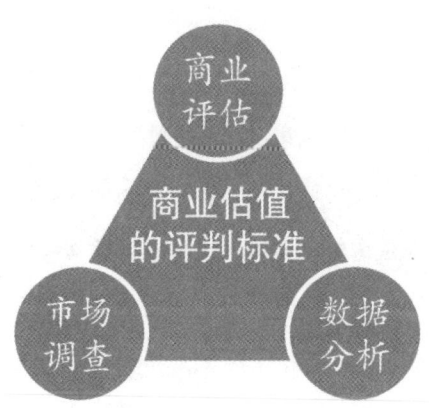

图8-2 商业估值的评判标准

商业评估，就是通过对该企业当前的资产进行衡量，比如账面价值、清算价值等，以专业的角度，评判出当前企业的估值。

市场调查，就是通过对该企业发布的产品进行调查，比如当前市场份额、未来的市场前景等。市场调查可以很准确地推算出该产品未来的价值。

数据分析，就是通过了解产品各方面的数据进行分析，比如使用该产品的用户数量、用户的消费能力、产品未来的改进方向等。数据分析可以非常精准地分析出未来将有多少用户使用该产品，并进行最终准确的估值。

市面上许多知名的产品或企业都有一定的估值，比如曾经比较火爆的小黄车估值30亿美金，今日头条估值350亿美金。而脸书这款产品在最新一轮的估值中，达到了900亿美金。为什么小黄车、今日头条和脸书同样是十分出名的产品，估值却有这么大差距呢？核心在于背后的用户数量。小黄车用户3000万，今日头条用户6亿，而脸书用户达到了10亿。今日头条与脸书估值不对等还有一个重要因素，那就是其背后的商业价值。脸书是一款全球性的产品，其未来的商业价值明显要高于今日头条这款国内产品。它能有今天如此庞大的估值和背后近10亿的用户数量，也并不是一开始就拥有的，而是经过了数年时间的发展，并抢占了互联网这一机遇才形成的。

2004年脸书正式成立，年底获得由贝宝（PayPal）创始人彼得·蒂尔（Peter Thiel）提供的50万美金作为天使投资，12月此时的脸书已经拥有100万注册用户。

2005年5月脸书获得"合作伙伴"（AccelPartners）赞助的1270万美金风险投资。随后，美国的在校大学生纷纷开始使用脸书进行互动交流，同年年底注册用户覆盖了2000所大学和高中。

2006年脸书获得2500万美元额外投资，并于该年9月11日对所有互联网用户开放。

2007年各类产品开始上线，但此时的微软宣布将收购脸书部分股份，最终被马克·扎克伯格否决。

2008年脸书注册用户达到3500万。

2009年脸书注册用户的停留时间超过雅虎,并有望赶超谷歌。

2010年脸书成为全球第三大网站,在它之前的分别是微软和谷歌。此时的脸书已经有了锐不可当的趋势。

2011年脸书月活跃用户突破十亿大关,奠定了其稳固的地位。

2012年脸书估值达到了900亿,从此享誉全球。

脸书的成功可以称为互联网上的奇迹,而马克·扎克伯格也成为大众偶像。经过多年的发展,这款产品已经被全球用户所接受,并且广为流传,这都要归功于其日积月累的用户数量。

如此庞大的用户数量自然不是一两年就能够积累起来的,无论是产品自身方面,还是用户需求方面,都需要不断的改进与优化。脸书所拥有的十亿用户数对于我们来说或许过于庞大,但再庞大也是一点一滴积累起来的。

因此对于作为运营的我们来说,通过对产品的开发与完善不断吸引忠实的用户参与,这些忠实的用户再通过各种社交平台将产品的价值无限放大,该产品最终必会成为一款深入人心的产品。

## ※ 最高级的营销模式,免费雇用你的用户

如今互联网上的营销模式越来越多,像网络优化SEO、百度竞价SEM、新媒体、微信公众号、社群等,这些营销模式大多被运营人所熟知,并且灵活运用到企业的运营当中。但这些模式或多或少都有一些缺点,比如SEO需要的大量时间,SEM需要大量的金钱等。所以从这些营销模式中,找到一款最高级的模式至关重要。

一家企业之所以成立,最终目的就是为了赚钱。但现在不比曾经的实体店,需要通过长时间的积累才能获利。如今是一个赚快钱的互联网时代,企业真正想做

的是在最短时间内花最低的成本赚取最大的利润。而实现这一目标的最高营销模式，则是利用当前互联网下的"粉丝经济"。通过这些用户，让其免费代为传播企业的产品。比如我们现在提到购物就会想到淘宝和京东，提到付款就会想到支付宝和微信支付，这些都是用户帮助企业传播的最好证明，而且都是免费的。

让用户自发地将产品分享给身边的朋友，成为产品的推广者，企业免费的"雇佣兵"，才是真正最高级的营销模式。那么怎么才能做到这种境界，并且逐渐往上延伸呢？我将其分为三重境界：第一重，兑现与用户之间的承诺；第二重，让用户对产品产生依赖性；第三重，为产品营造绝佳的口碑。

第一重，兑现与用户之间的承诺。

商品的销售绝对不是单纯的你情我愿。商品之所以被销售出去，除了因为用户真的需要之外，还有更重要的一部分原因，那就是对用户的承诺。无论是产品的包装承诺，还是客服的口头承诺，都直接影响用户购买的欲望。

通过对淘宝店铺评论的数据调查，50%以上的差评都是因为客服的承诺没有兑现，导致用户认为自己被骗。因此，想要用户免费帮助宣传，兑现承诺是最基本的。比如某位用户在店铺购买产品，客服承诺送一款实用的小产品。或许这位用户就会告知身边的朋友，"在这家店购买产品的时候，客服说可以送我一些礼品，快递到了之后果然收到了"。这样一来自然会有更多的用户来该店进行消费。

第二重，让用户对产品产生依赖。

所谓依赖指的是不需要的时候不会想起，而需要的时候会立刻想起。依赖的产生多来源于情感，像对父母的依赖，对恋人的依赖等，主要是因为父母或恋人时刻的关心让我们产生了一定的情感。

在一家母婴用品专卖店，店长制订了这样一套计划，对每位前来购买奶粉的顾客进行登记，登记的主要信息为购买奶粉的顾客的婴儿，目前处于哪个阶段。

婴儿从出生到断奶，并不是只喝一次奶粉。婴儿喝奶粉分为四个阶段，而且每个阶段所喝的奶粉也不一样。0~6个月喝一段，6~12个月喝二段，1~3岁喝三段，3~6岁喝四段。通过对不同婴儿喝奶粉的阶段收集，每当有用户的孩子处于换段的时候，他便通过短信或微信等方式告知对方，孩子将在何时进行奶粉的换段，以此来提升用户对该母婴用品店的信赖。

其实，留心的家长都会注意婴儿奶粉的换段时间，但这家店铺每次都能在准确的时间推送通知信息，瞬间让家长有了一种依赖感，不用为孩子换段奶粉而操心。当然他不止通过提醒时间，还会在内容中告知对方，通过哪些渠道可以快速购买适合该年龄段婴儿所喝的奶粉，让用户有一种不用过多选择，立马就能下单购买的决心。

果不其然，通过这种方式，不仅许多老用户纷纷选择购买该店的奶粉，还经常有客户带新客户前来购买。其原因正是这家店铺让用户觉得十分温馨，并且有一种对家的依赖感。

第三重，产品营造绝佳的口碑。

正所谓"口碑相传"。如果企业能真正做到这一点，绝对已经远超同行。口碑与品牌的知名度并不是相吻合的，知名度高的企业并不一定拥有良好的口碑。打造知名度只需将大量的金钱投入到广告当中，通过各种广告的投放，很快就能获得。但口碑却需要通过各项细致入微的工作，以细节决定成败，才能真正赢得用户的口碑。

互联网上确实存在这样的产品，知名度很高但口碑却一般。所以如果我们想要真正让用户免费帮助宣传，以上的三重境界都要做到，只不过每一重境界带来的利润是不一样的。只有在口碑上真正得到用户的认可，才能让他们无论是在逛街的时候、看电视的时候、吃饭的时候，还是闲聊的时候都能随时随地将产品传播出去，而且都是自发并且免费的。

## 企业社群是用户部落化的家

提到企业社群,不得不说社群界的鼻祖"小米"。如今小米的用户数量已经达到千万级别,自然不能再使用社群这一小众平台。而且小米诞生的时候,互联网正处于一种传统的营销模式中。如果换作微信群作为主导社群的今天,小米再去做社群,哪怕只是百万用户,按照500人一个的微信群也得2000个,运营2000个社群那得投入多少人力、物力,根本得不偿失。所以我们要认清企业社群的本质,它可以让企业快速积攒一批种子用户,并且生根发芽,但绝对不会成为令企业成长为参天大树的摇篮。当企业发展到一定的阶段,就要走向更高级、更广阔的运营模式,企业社群只是一个阶段。

"部落"一词最早起源于原始社会的一群人,他们有各自的信仰、名称、语言以及习俗。虽然有着众多不同的地方,但也有绝对相同之处,人数并不多。慢慢地,部落一词被现代人所掌握,并运用到互联网上,比如QQ部落、兴趣部落等。随着现代互联网部落的衰退,用户慢慢地将部落演变成更符合当代人需求的社群。用户在社群中积极参与、发表意见或建议,从中得到更多更新的知识,就像一个家一样。

所以如今的社群,更像用户部落化的家。小米最初起步就是使用的社群,并且是传统互联网时期比较流行的"论坛"模式。论坛有一个每日签到的功能,该论坛曾经创下日签到破10万的数据。也就是每天将近有10万用户像回家一样,在小米论坛上进行签到。

现在的部落都存在于互联网上,自然没有原始部落那么落后,但原始部落的精髓还是被保留了下来,而这些精髓也直接决定了该部落也就是企业社群未来的发展。那么,部落成功运营有哪些精髓呢?第一,必须有发起人,即部落族长;第二,必须发动身边早期资源;第三,必须给予种子用户利益;第四,必须让更多人领导部落。

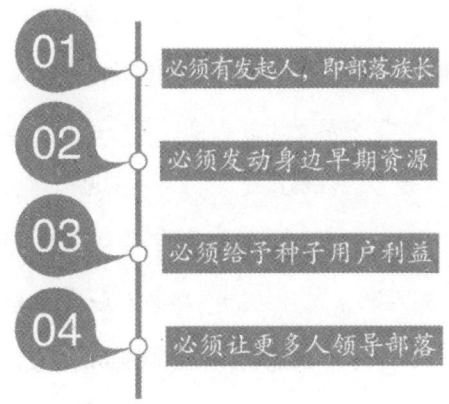

图 8-3 部落成功运营的四大精髓

第一，必须有发起人，即部落族长。

社群是用户的家，家必须有一个核心领导者，我们将其称为部落族长。族长必须担负起建设部落、扩大部落的重要责任。

第二，必须发动身边早期资源。

每个人身边或多或少都会有一些朋友。这些朋友会在早期无条件地帮助我们做一些事，尤其是他们认为有意义的事。发动这些早期资源，可以最大限度地节省资金的开销。

第三，必须给予种子用户利益。

种子用户即第一批加入部落的家人。他们是部落最忠实的用户，在企业早期不知名的情况下加入，往往是发自内心的。所以一定要维护好并给予其一定的利益让他们长期存在。

第四，必须让更多人领导部落。

当部落逐渐完善并走上正轨之后，部落便开始逐渐壮大，族长自然没有太多的精力来管理。这时必须创建更多的小型部落，进行分批管理，而管理的人才，则可以从忠实的跟随者中选出。

"伏牛堂"由一位"90后"借助"互联网+"思维创建的品牌,曾在2014年火遍全国。一个米粉店都能如此火爆,足以证明在互联网时代,没有什么是不可能的。只不过早期的"伏牛堂"发展也十分困难,帮助他们走出这一困难阶段的正是他们利用了社群,并且实现了"社群裂变"。

最初伏牛堂创始人张天一,为了扩大店铺的生意,找了身边50个好友,希望他们每个人通过微博找到在北京工作的50个湖南人。很快这些好友帮他完成了第一阶段的任务,并添加了2000多个北漂的湖南人为好友。之后张天一将他们拉到线下,分批以拉家常的方式请他们吃饭。张天一独特的思想,加上"吃人嘴短",给这些用户造成了心理上的冲击并取得认可,就这样第一种子用户建立了。

慢慢地,伏牛堂开始走上正轨,知道其品牌的用户也越来越多。于是张天一开始从第一批种子用户中筛选能带领团队的人,并让他们组建更多与伏牛堂相关的社群。通过这种模式,伏牛堂的社群越来越多,这种模式也就是"社群裂变"。最终裂变的群体越来越多,引起了投资人的注意,并成功将其品牌带向了全国。

案例中张天一的做法正是借助了以上四个精髓:第一发起人部落族长,即张天一。第二,早期资源,即身边的50个好友。第三,给予种子用户利益,即请他们吃饭以拉近感情。第四,更多人领导部落,令伏牛堂的社群越来越多。

通过搭建社群并且裂变成功,造成巨大影响力的品牌其实非常多。比如教育社群秋叶PPT、简书社群专题分布、吴晓波书友会等。这些比较出名的品牌早期都是通过搭建独立社群、吸引用户加入,并且不断裂变才最终壮大的。但无一例外的是,这些社群的群员对社群都有十分强烈的依赖感。他们非常乐意加入其中,并成为社群这个小家庭中的一员。

## 分工明确：不同的社群渠道有不同的功能

渠道是一个让运营又爱又恨的词汇，好的渠道能够带来高转化、高利润，让运营变得十分轻松，而差的渠道不仅浪费企业的预算，还会耽误大量的时间，导致企业亏损，所以找到合适的渠道是一件十分重要的事。在许多大型企业，会专门配备"渠道专员"这一岗位，目的就是为了找到更多、更好并且适合企业推广的渠道。

如今互联网上的渠道非常多，社群类的渠道也不少，但并不是每个渠道都适合自己的企业。比如你做一款卫生巾，却在男性贴吧发起讨论，这绝对是不行的。所以我们必须根据不同的社群渠道，了解其不同的功能，才能真正将推广的效果最大化。

通过对社群渠道的分析，我们可以将其分为四个方向，并且每个方向都具备自己独特的功能：方向一，综合类型；方向二，垂直类型；方向三，社交类型；方向四，自媒体类型。

方向一：综合类型

指的是一些比较大众的平台，没有太强的针对性，注册一个账号，则可以随意发表任何文章，包括联系方式，并且能够通过百度搜索引擎获得很好的排名。该渠道以QQ空间、豆瓣、知乎、新浪博客、天涯为主。

方向二：垂直类型

指的是针对性比较强，并且用户价值极高的社群渠道。如果能够选中针对行业特点的渠道，进行广告投放，效果也是极好的，但这一渠道打击广告也非常彻底。如果想要通过该渠道免费吸引优质用户，建议通过软文营销、广告植入的方式操作。只要拥有优质的原创内容，插入一些引导性的广告也是可以的。该渠道以妈妈帮、宝宝树、搜房网、小米论坛、汽车之家为主。

方向三：社交类型

社交是用户生活中的"必需品"，人与人之间的交流都属于社交。不过目前这一渠道也分为两派：第一派是十分活跃且积极管理维护的高质量群组；第二派是几乎没有任何人交流，被微商广告以及小游戏刷屏的垃圾群组。所以要想在高质量的群组里做营销，首先需要和群主搞好关系，并努力提供一些对该社群有意义的事物，以此来保证后续营销的顺利展开。该渠道以微信群、QQ群、微博群、豆瓣小组为主。

方向四：自媒体类型

该渠道作为一个人人都可参与的渠道，完美展现了"进可攻，退可守"的优势。一般比较大型的自媒体渠道都能给用户一种公信力很强的感觉。尽管现在的自媒体平台无法再留下非常直观的联系方式，比如电话、QQ，以及微信账号，但品牌营销还是可以做的。再加上这些平台上庞大的用户基数，作为运营来说是不可多得的营销渠道。该渠道以百家号、今日头条、搜狐自媒体、一点资讯为主。

以上四个类型均是社群用户来源的重要渠道，通过对这些渠道的灵活运用，并掌握其主要功能，可以最大限度地发挥出社群真正的威力。方向一，综合类型。其主要功能是以最省钱的方式增加社群入口的曝光度。方向二，垂直类型。其主要功能是精准化用户群体将其引导至属于自己的社群。方向三，社交类型。其主要功能是深度挖掘相同类型的用户群体。方向四，自媒体类型。其主要功能是优化企业品牌形象，塑造企业价值观，以此来增加用户对企业社群的认知。

不同的社群渠道有不同的功能，但综合类型可以适用于任何行业，垂直类型则需要更加精准化，社交类型主要体现在交流与互动，自媒体类型更注重品牌宣传。虽然渠道不同、功能不一，但最终目的都是为了将社群更好地搭建起来。因此，大家需要完全掌握以上每一种类型的渠道运作，才能真正玩转社群营销。

# 第九章

# 规模裂变：从小社群到大社群的华丽转身

## ✵ 扩大规模的两大要点

发展一段时间后,扩大规模就成为每个社群的必经之路。但小社群扩大规模的过程不能着急,一定要做好充足的准备,注意社群规模化的两大要点:一是做好扩大运营的人力准备,二是建设有本社群特点的社群文化。

第一,一定要做好扩大运营的人力准备。想要实现快速复制,从一个线上小社群变成一个大规模的线上综合社群,首先要做好人力准备,建立有自己特色的管理团队。

松下幸之助曾说:"企业的最大资产是人。"对一个社群来说,运营人才是其成长过程中最重要的资源。从很多社群的运营经验看,如果没有合适的运营人才,社群的规模一旦扩大,就会引起管理失控,口碑就会受到影响。运营人才是社群成长的最大瓶颈。

随着运营团队的扩大,社群的管理成本会增加,如果社群管理员缺乏企业管理经验,往往很难正确处理内部矛盾,进而引发管理混乱。比如国内某知名保险企业的内部培训打卡群，里面存在5万~6万群成员，其中正式管理员超过200人，临时管理员也有200人。规模这么大的社群，如果缺乏有效的管理机制做保障，仅联系几百个管理员就要付出很多的时间和精力，更遑论维系不同群成员的关系了。

在社群发展方面，良好的模式应该是先慢后快。因为前期的沉淀越充分，后期的爆发就越平稳。

第二，建设具有本群特点的社群文化。文化是一个组织的核心生命力，因为资源会枯竭，唯有文化生生不息。任何组织想要长期存在必须形成一套有鲜明特点、有自己烙印的文化体系。

做社群也离不开文化建设。社群是一个松散的个体组织，提高大家认可度和凝聚力的关键不是制度和法规，而是文化。如果说运营团队建设是社群扩大规模的硬实力，社群文化就是一个社群的软实力。

社群文化就像是每个成员和群主之间的默契。现在的人的喜好是各种各样的，每个喜好都会形成一个小群体、小圈子，这是各种类型社群的形成基础，也是社群文化形成的基础。

一般来说，可以从以下四个方面来理解社群文化。

一是价值观，就是对事情的看法。比如一个营销群，大家对营销的看法是否一致，是否重视新媒体营销，是否重视事件营销等，都是价值观的体现，如果价值观上达不成一致，会给以后的社群活动带来很大的隐患。

二是对产品的态度，这是衡量一个社群扩大规模进而实现变现的重要条件。如果群成员对产品不熟悉、不了解，对其背后所蕴含的思想文化不认同，是很难在社群中做产品的转化的。

三是仪式感，这是具有社群特色的流行语，包括社群文化、入群仪式，甚至聊天的语气、表情包等。

四是群规，这是社群运行的规则。国有国法，家有家规，群规要定得简单有效、可执行。只有在社群中不断用群规规范大家的行为，才能让每个成员都形成一种自觉的习惯。

从这四个方面着手,建设具有本群特点的社群文化,才能为社群扩大提供强大的精神支撑,增加一个社群在竞争中的软实力。

## 从小到大要避免"掉坑"

成功的社群大多相似,失败的社群却各有不同的原因。从2016年开始,"社群"火遍互联网,各种名目的社群就如雨后春笋般层出不穷,但很大一部分社群还没机会走上从小到大的发展壮大道路,就已经走向消亡了。

朋友小李是一个社群运营人员,他的第一份工作就是一个付费微信群的运营。他运营的微信群是一个新开了不久的50个人左右的付费课程群。

当时,他每天的主要工作就是在群里发布通知,主持课程直播,以及其他促进群活跃的一系列活动。然而,因为是半路接手,他在群里抛出的话题经常无人响应。由于缺乏与群成员的互动,小李开始怀疑自己的工作价值,质疑群存在的意义和发展方向。

后来,他代表这个社群参加了一次行业大佬组织的线下运营分享会,在会上,他提了个入门级问题:"我们这种微信社群未来的发展方向在哪里?"

比兹坎·普(E-Bizcamp)创始人兼CEO顾青当时给出的解答是:"社群都是会死掉的。今天还活跃着的微信群,过不了多久都会成为广告群、红包群,这是人性使然,不必在意。"

从心理学上看,小李的错误在于没有跳出"自我"的圈子,关注的重点是自己的行为有没有得到他人的反馈,而对能为群成员提供的价值关注不够。

美国心理学之父威廉·詹姆斯在《心理学原理》中写道:"如果可行,对一个人最残忍的惩罚莫过如此：给他自由，让他在社会上逍遥，却又视之如无物，完全不给他丝毫的关注。如果我们周围每一个人见到我们时都视若无睹，甚至忽略我们的存在，要不了多久，我们心里就会充满愤怒，我们就能感觉到一种强烈而又莫名的绝望。"

在社群经济火爆的大时代，很多社群都有类似的经历，相信不少人的微信和QQ里都存在活跃一时后来却销声匿迹的失败社群。

其实，很多新的社群创立之初，往往都会有比较明确的定位和价值观，所以能很快吸引志同道合的朋友加入，但因为对价值观和内容的关注不够，时间长了就失去了最初的吸引力，不仅不会从小社群发展为大社群，还会沦为灌水群、广告群、死群。

这些社群为什么会消亡，无法走向壮大？最主要的原因是犯了社群发展中的常见错误。这些错误就像社群壮大道路上的一个个"坑"，一着不慎，躲避不过就会给社群带来灭顶之灾。

第一坑：失焦

失焦就是定位不明，这是导致很多社群没能走向壮大而迅速消亡的重要原因。

马化腾曾说："未来的互联网是什么，左边内容，右边链接，我愿意在中间加一个东西，叫作价值观。社群就是因为价值观而有了区隔群，当这些价值观被确认之后会出现无数的商业模式。"

马化腾说的价值观就是定位，这是做好社群的基础。有定位的社群，就等于有了自己的框架。

成功的社群一般都有明确的定位，比如罗辑思维主打"知识型社群"，十点读书会主打"阅读社群"……但是，很多社群在创建之时不考虑定位、主题和价值，而是执迷于快速拉人入群，结果就偏离了创建社群的初衷，社群成员之间缺乏共同话题和活动连接，群就变成了灌水群。

第二坑：无首

无首，就是缺乏社群的群主或者管理员缺乏影响力或者热情。

目前，在经营社群中，很多人迷信"去中心化"管理，就是虚化、弱化群主或者管理员的权限。其实，这是社群做大、做强的一个误区。

正如战争中要"擒贼先擒王"，一个有影响力的群主或者管理员在社群中的作用举足轻重。如果没有群主或者管理员有计划、有步骤地主动发起话题、维持秩序、组织活动，那么这个社群很有可能变成一个广告群、灌水群。

第三坑：暴政

暴政，是指群主或者管理员在社群管理中过于强势、干涉太多，这和"无首"是相互对应的。

在社群规模较小的时候，采用宽松的管理方式比较适合，等到社群发展到一定规模就要制定一个合理的"群规"。所谓"不以规矩，不成方圆"说的就是这个道理。

群规模越大，群规制定得越要"民主"——经过群员讨论一致同意，这样的群规才容易被遵守。相反，如果群主单方面强势推出群规，那么除非群主的个人影响力特别强，否则就很难被遵守。

第四坑：无聊

无聊，是指社群活动少，群成员感到乏味。

数据化管理有数据表明，超过40个人的社群如果缺乏一定固定的组织形式，没有定期的互动、写作和讨论，这个社群就会失去凝聚力和归属感，生命力也会很快衰退。

在各种形式的社群活动中，最受欢迎的要数定期分享的形式。这方面，"十点读书会"有着不错的经验，不仅组织线上阅读交流，还会定期组织线下的图书分享活动。

第五坑：蒸发

蒸发，是指社群提升空间有限，有价值的成员陆续离开。

在一个相对开放的社群，由于入群门槛很低，新成员会不加限制地源源流入，这会极大地降低群成员的平均水平，进而导致原先高水平的成员的存在价值降低。高水平的成员就会选择离开，而他们的离开又降低了社区的整体水平，于是又会有一批成员离开。直到最后，这个群彻底沦为一个平庸的聊天群。

在那些相对封闭的群组中，由于对加入的成员有着较高的要求，一般采用邀请制，能加入的成员的价值一般能获得群主或者管理员的认可。这种社群的价值也因此能保持在一定的水平上。从长远看，这种社群的发展往往更长久。

"不积跬步，无以至千里"，做社群也是如此，从0到1是社群的开端，而从1到100则是蜕变。伟大的文学家鲁迅先生说过："想要重生必先蜕变，想要成长必经磨炼！"无论是发展中的企业还是社群，开始的时候，可能不一定知道正确的道路在哪里，但一定不要在错误的道路上走得太久。

## 裂变的保障：一个高效的线上运营团队

团结就是力量，一滴水和大海在一起才能生生不息，一个人只有和团队一起奋斗，才能最大化地实现个人价值，创造属于自己的卓越。社群运营也离不开团队合作，打造一个高效的线上运营团队更是社群成功实现裂变的重要保障。

第一，要明确运营团队的管理模式。任何一个组织想要良好运行，都需要管理团队来运营，在管理中不可避免会产生权力分层。在社群管理中也是如此。

在互联网经济中，一直存在着"中心化"和"去中心化"两种管理模式的争论，这在社群中尤为明显。这两种管理模式最大的不同就在于对各方面资源的掌控程度和模式的不同。具体说来，中心化管理的社群采用的是金字塔结构，有一个相对完善的权力系统，大家服从权力中心的指示，一层层去落实。去中心化管理的社群采用放射性结构，围绕核心人物聚集，然后每个节点又可以自由连接不同的资源、自主安排自己的活动。核心人物通过言论和行为影响整个社群的文化和价值观，并不直接参与管理。

中心化和去中心化管理的社区在组织结构上的区别，可以用下面的组织结构图来表示。

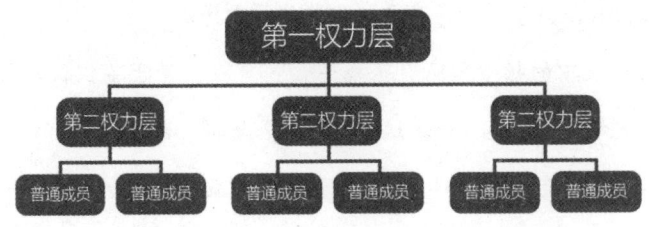

图 9-1　中心化管理组织一般架构：层级 + 指令

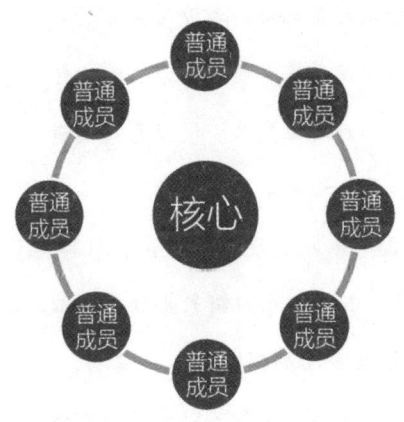

图 9-2　去中心化管理组织一般架构：中心环 + 众包

基于两种组织结构的不同，要打造一个高效的线上运营团队，最好的方式就是将两种管理模式结合起来。

三石会是旨在帮助会员实现低成本创业的营销社群。创始人是张磊、彭子洲和帆姐，目前已经成为比较成功的营销平台，形成了行之有效的运营系统。

三石会自从2016年1月开始上线，就形成了以创始人团队为核心的运营团队，这时社群运营是偏中心化的，这个中心自然就是创始团队。在这个创始团队中，张磊擅长用文字做社群内容，彭子洲有着资源整合方面的优势，帆姐的策划能力一流，三个人互相配合，形成了具有竞争优势的核心团队。

关于社群建设中的核心团队，张磊表示："核心骨干不仅仅是帮你管理运营好这个社群，更大的作用是可以为这个社群注入资源，这个资源可以是无形的，可以是有形的，更多的是找到他们，再齐心协力把它做好。因为有了核心团队，也有了大家共同的价值观，你能为这个社群输出你的价值、你的资源，大家就可以很好地抱团去发展。"

在三石会确立了运营体系后，创始团队选择偏重自主管理的去中心化模式来运营社群。平时，三个创始人在社群内都没有太多的互动，主要靠群成员自己在其中交流。这种去中心化的管理对每个成员的个性都比较尊重，给大家提供了平等的机会。无论是成员间相互加好友拉关系、做交易，或者在群里聊一些比较有价值的东西，或者在群里聊闲话等，都是不受限制的。

后来，随着社群规模的不断发展，三石会在社群运营上加强了核心人物在社群中的作用。三石会认为，如果一个社群长期缺乏中心人物，就会造成管理混乱。

三石会在社群管理模式方面的探索和实践证明，中心化管理和去中心化管理并不是非此即彼的矛盾的两方面，而是可以形成一个合理的组合，从而更好地进行社群运营。

那么，在社群运营中，如何做到合理运用去中心化和中心化呢？

前期：要重视中心化管理。群主或管理员要深度主导社群动向，积极活跃地参与群里所有的活动。

中期：中心化和去中心化并重。社群管理者要不间断地参与社群运营，制造话题，营造氛围。同时，要鼓励社群成员积极参与互动，可以通过讨论选出大家感兴趣的内容来运营话题，策划线上和线下活动。

后期：把握好中心化和去中心化的平衡。凡事过犹不及，要有限度，随着社群规模的扩大，过度中心化的管理会导致对中心人物过于依赖，遇到社群中心人物消失的状况时，整个社群的正常运营就会受到影响，甚至造成混乱、瘫痪。但去中心化管理超过一定界线，又会造成社群陷入不断分裂的碎片化境地。因此，在社群运营中要保持一定的中心化程度，同时要坚持去中心化，提高全体成员的积极性，促进其更多地参与活动。

第二，运营团队要保持持续更新。这是保持团队活力和执行力的重要方法。

对一个社群来说，大多数线上运营人员可能是招募的志愿者，并非全职员工，如果招募的志愿者因为私事影响到社群正常运营，就需要吸收新的运营人员加入。

如何选择线上运营人员？大多数社群的沟通平台以微信、微信朋友圈和微信群为主，信息带有碎片化的显著特点，一个好的线上运营人员应该具备以下素质：

1. 有耐心和责任心，可以沉得下心来面对烦琐的重复性工作。

2. 熟悉网络用语，善于发现各种网络热点。

3. 能言善辩，能对不同的人采取不同的表达方式。

4. 有良好的心态，无论什么时候都能以最好的状态投入工作，遇到压力和委屈也能很快化解。

第三，建立有规律的沟通方式。这是一个社群保持效率的关键。

如果没有稳定的规律性沟通，社群成员之间就无法形成共同的归属感。因此，每周的复盘、总结及培训都是必不可少的，对新加入的运营人员，还要进行定期的培训。

马云曾说："你的核心竞争力就是你的团队。"对于一个社群，高效的线上运营团队是其扩大规模的重要保障。我们能做的是：选择适合自己的管理模式，保持运营团队持续更新，建立有规律的沟通方式。

## ✵ 发展壮大：必须构建社群组织架构

如果把组织比作大树，那么组织构架就是这棵大树的枝干。现实中的企事业单位如此，依互联网而生的社群也是如此。不管是中心化还是去中心化，每个社群的运营都离不开一个组织架构。

那么，对于一个社群的线上运营团队来说，组织构架应该怎样设置呢？

在管理学上有个著名的"帕金森定律"，说的就是组织的管理层级越多，管理效率越低。这是因为过多的层级会导致信息不通畅、传达效率低下，从而影响了效率。和线下组织一样，社群构建线上团队组织架构，要做到层级精简、权责分明。

首先，社群的线上运营团队架构要根据其所处的发展阶段来设计。在社群发展初期，规模较小的时候，组织架构可以精简，便于开展工作即可。

在社群具备基本的运营功能后，应该尝试构建比较完善的架构，此时社群创建者作为灵魂人物直接参与社群的每一个组织结构中都可以。

随着社群规模的进一步扩大，必须把管理群和普通群区分开，有些问题可以在管理群内充分沟通后，再扩散到下面的普通群。

如果社群想要进一步扩大规模，就必须再建立一个核心群，形成管理群、核心群、普通群三种群组结构。管理群主要由社群里的积极管理员组成，核心群则是由对社群高度认可的积极粉丝构成。

每当社群遇到重大运营问题时，管理群会先进行内部讨论，形成一致观点后传达到核心群。如果核心群的成员对新的管理建议或者决策没有异议，就可以发布到普通群里去实施了。

BM，是"BetterMe大本营"的简称，成立于2015年，这是一个伴随型成长社群。BM最开始只有几百人，这时的社群只有群主和一个小助手参与管理。毕竟对于一个新建立的社群，能不能运营好、能不能活下来都是不确定的。小助手的工作是收集、汇总社群的内容和群友的资讯信息，并将这些信息归档。

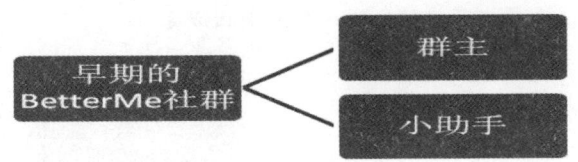

9-3 早期的社群构成

运营了一小段时间后，社群运营有了一定稳定性，开始转型做内容输出。伴随着社群经营内容的转变、优秀人才的涌入，BM社群的组织架构做了以下调整：以此前的小助手为核心形成收集组，还增加了公众号组和设计组。收集组承担此前小助手的全部职能，公众号组则负责内容的输出和对外展示，设计组负责为社群设计宣传海报的工作。

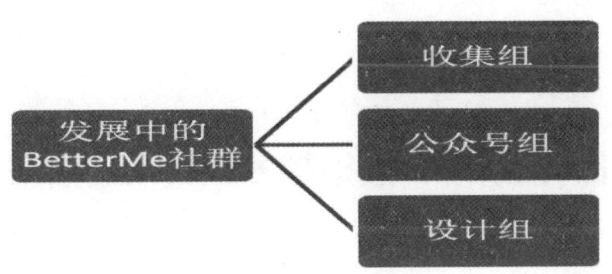

9-4 发展中社群的构成

4个月后，这个社群覆盖了3000多人，并吸引了很多大咖参与合作。此时，社群做的特色训练营逐步变现，走向线下。所以，此时的BM社群成立了项目部，区别于其他职能部门。项目组成员的身份是交叉的，隶属于一个职能部门，可以分属于不同项目组。

例如,BM社群中的读书笔记PP营、理财营等项目部门为推动项目执行,每次活动都会抽取若干职能部门的人员协助。当社群需要建立一个菜鸟PPT营时,需要一个设计、一个文案、一个外联,这个营的营长可以到设计组、文案组、外联组借调人员,组成临时的项目运营组。当项目结束时,各组借调来的人又回归原来岗位。这种管理模式和很多高校的社团运营方式相似度很高。

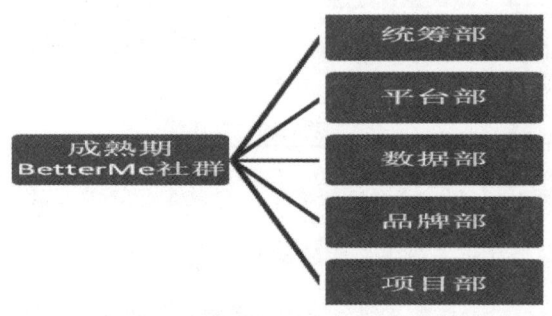

9-5 成熟期的社群构成

总之,社群的组织架构要有一定时效性,只有根据不同时期的管理需求及时调整组织结构,才能形成适合自己的架构方式。

## 保持社群活跃度:连接越多,关系越紧密

马斯洛需求层次理论告诉人们,人对于社交的需求仅次于生理需求和对安全的需求。简单地说,只要一个人想要在这个社会活下来,就需要从人与人之间的连接中找到归属感。

在日常生活、工作和学习中,连接是人们关系的纽带,会起到很大的作用。每个人跟别人的连接有多有少,连接越多说明关系越紧密,是强连接,比如至亲、

多年的同学、同事、朋友。连接越少说明关系越一般，是弱连接。

关系必然会通过媒介才能发生连接，所以媒介是人的延伸，媒介在进化，关系的连接方式也在发生变化。随着人们生活方式的变化，移动互联网的普及，社群成了人与人之间的连接形成和发展的重要方式。在每一个社群中，普遍存在大量连接。社群中的连接关系越多，社群的活跃度也就越高。

增加社群中的连接，保持社群的高活跃度，是一个社群扩大规模的重要保证。那么，如何增加社群中的连接，从而保持社群的高活跃度呢？

第一，为社群建立一定仪式感。

不论是宗教、政党、协会、家庭、公司等都有一套自己的仪式，比如入佛教之前需要给人剃度，之后要换行头，还要每天诵经，这些都属于仪式感。

具体而言，社群的仪式有以下几种：

1. 社群的吉祥物。这就是社群的代言人，这个代言人可以是人，也可以是物。这个吉祥物是社群的标志，能保持社群的辨识度，让人一看就知道是哪个社群。

2. 社群的旗帜。就像每个国家都有自己的国旗一样，社群的旗帜就是一个指向标，能增加号召力。

3. 社群的手势。社群的手势，就是通过人的四肢行为，规范人的大脑和内心。很多组织都会有一些流行语，不同公司有不同文化、不同标语，比如党员之间见面会握手，佛教徒见面会双手合十。同理，做社群也需要有自己独特的流行语，比如社群签到系统、社群表情包、交流方式。

4. 入群仪式。在进入一个社群之前要有一定的流程，这个流程就是入群仪式。在做社群的时候一定要确立好入群流程，比如是否需要审核，是否需要人举荐，是否需要写作业，是否需要表决心，等等。

第二，提高社群的参与感。

很多人抱怨社群的活跃度越来越低，越来越不受关注，其实就是因为社群的参与感低，社群本身的流程设计有问题。其实，在社群中有很多促进参与感的方式,比如对于学习型社群,老师答疑就是增强参与感的方式。

提高社群参与度的方式有很多:

1. 进行分享活动之时,尽可能邀请更多的人参与。这样老师做咨询答疑、解决个性化问题,才能有更积极的回应,对提高社群活跃度很有帮助。

2. 晚上进行访谈活动。这也是增加社群成员参与感的重要方式,睡觉之前是人思想最集中、精神最放松的时候,此时进行访谈很容易聊到一个人的心坎里。

3. 发红包。发红包非常容易促进人与人之间的连接,一个人发,一群人抢,这种愉悦感、连接点的作用是非常明显的。

4. 玩游戏。在社群中玩真心话大冒险一类的游戏,对提高群众活跃度、让每个人说出心里话是很有帮助的。

5. 邀请大咖到群里进行分享。大咖的光环效应具有很大的吸引力,有助于提高社群的活跃度。

6. 多做一些线下活动,比如线下见面会。线下活动能提高每个人的参与感,从而带动线上的活跃度,这对提高社群的参与感很有帮助。

2014年4月,一位叫张桓的创业者与天使投资人徐小平、杨守彬坐在了一起。一顿饭局后,他拿到了400万元的天使投资。

2014年11月,张桓接触到一个新名词——社群。商业敏感度极强的他,隐约意识到这或许就是他未来的事业。

当时报名的将近500人,张桓从中挑选了100人,这些人里有百万粉丝网络人气作家Ayawawa(杨冰阳)、"80后"网络漫画家粥悦悦(《悦妈怀孕日记》作者)等知名女性。靠着粉丝们的人气,社群在2个月内从1个群扩张至10个群,吸引了大批女性加入。

在这些微信群里,诞生了"疯蜜"这个名词。

一开始,在中心化的运营方式下,这些微信群始终温温吞吞。偶然有一次,一位群成员在群里提议自拍电视剧，立即引来其他人的热烈回应，有人想当导演，有人要当编剧，有人申请做制片，还有人愿意提供经费……于是她们又新建了一个名为"疯狂美少妇"的电视剧群，两天时间吸引了180多位女性加入。通过这件事，张桓有点明白了，只要他把平台搭建好，帮助社群成员们实现梦想，疯蜜社群就能自己运转起来。于是，张桓赋予群成员们极大的自由度和自主性，协助她们按照自己的兴趣建立微信群，并组织一些线下活动进行连接。

可以说，"疯蜜"是一个自组织的社群，每个群成员都有高度的参与感，社群名字是粉丝们取的，社群商城里的东西是大家推荐的，线下活动也是自己组织的。因为共同参与，大家的关系更加紧密，逐渐成为社群的主人。

张桓表示："我们所有的线下活动、我们的电影、我们的歌曲、我们的竖旗，甚至我们的名字都是疯蜜们共同创作的，所有环节都由她们自己设定。这个社区更像是众筹、众包、众享模式。"他认为，建立一个组织容易，但是让这个组织持续、有黏性却并不容易。正是疯蜜社群的参与感和对组织文化的信仰，紧密地连接了这些女性。

第三，提高社群的组织感。

每一次做活动都要有流程化的东西。如果没有章法，社群运营就会出现各种问题。一旦出现问题，大家就会推卸责任，造成管理混乱。很多社群做不起来也是因为这个原因。因此，在做社群的时候必须把社群当作产品来做，形成一个正规的标准流程。同时，在组织层面也要形成分工需求和时间标准，比如谁做什么、做到什么程度、什么时候完成，奖惩机制等都是关键的组织形式。

第四，是社群归属感。

归属感是成员对社群的认可，创造归属感最好的方式就是多做一些活动，组织内部和外部活动、线上和线下活动。通过活动，每个人的关系连接变得越来越多，这样关系的密集程度一旦达到临界点，就会形成信任感。而信任感又会促进社群关系的进一步融合,增加社群的活跃度。

## ✵ 产品化:没有产品的社群很难度过"蜜月期"

在社群运营中,存在两种运营模式。第一种是先做规模,上来就是100个群、500个群、1000个群,有的社群还号称在全国很多城市建立了分群,听起来组织很强大。第二种是先做产品,通过产品逐步找到喜欢产品的人,然后把他们聚集起来,形成一个"同好"的小圈子,随着圈子慢慢扩大,再逐渐去占领更大的市场份额。

在移动互联网时代,两种模式都有可能获得成功。但那种没有产品支撑的社群,一般只是互联网上网友们的单点连接。若把这些单点连接组成的关系网当作社群,再给它加上某个名号,制定一定的群规,短时间内也能取得不错的反响,但想要长期生存下去、扩大规模实现收益是很困难的。因为,缺乏产品支撑的社群,往往缺乏足够的吸引力和凝聚力,很难度过"蜜月期"。

和第一种模式不同,在以产品为中心的社群中,社群中所有的连接都以产品为纽带,社群成员也是对产品有兴趣的热心用户。一旦发现了有潜力的用户,就要尽快建立这些种子用户之间的交叉连接关系。

知名媒体人罗振宇说过:"一切产业皆媒体。"这句话被很多人视为金科玉律,尤其是做社群的人,现在越来越多的企业已经开始进行社群电商的尝试。比如蘑菇街、美丽说这样的电商社群。

互联网带来的碎片化信息挤占了人们的时间和大脑的空间,网络营销的变现也更加急迫。对生命周期仅有3个月的社群来说,如果不能尽快将社群成员变成客户,为他们提供更好的服务,就会面临生存困境。也就是说,如果缺乏产品或者内容吸引订阅者,3个月过后他们就不会再看你的微信群或者公众号了,此时再努力推销产品也无济于事。

2014年，有一个专门做大学生职场能力培养的微信公众号，在其刚上线的时候规模扩展很快，仅用了3个月的时间，关注人数就达到10万以上，每篇文章的单日阅读量有2万~3万。但好久不长，不到一年的时间，这个微信公众号的流量就开始下滑，而且下滑速度很快。为了挽回用户，社群推出了一款App和在线课程等新的互动方式，但效果并不理想。随着用户的不断流失，这个微信公众号彻底湮灭于社群经济的浪潮中。

要想创建一个比较成功的社群，必须一开始就明确自身能提供的产品，这里的产品是指具体产品、服务、知识等。比如众所周知的吴晓波读书会，产品就是"做最好的商业阅读"，社群主要面向高端商务人士。社群每个月会给会员配读3~5本书，同时还会举办一些其他与读书相关的活动。据悉，吴晓波读书会运营不到一年就实现了盈利。

大学生创业微信公众号缺乏产品支撑，在内容不能很好地吸引用户的时候，树倒猢狲散是必然结果。而吴晓波读书会凭借着独特的服务、优质的内容输出和良好的用户体验，吸引了越来越高端的商务人士的加入，形成了自己的品牌和口碑影响力，保持了旺盛的生命力。

如前文所述，网络消费讲究一见钟情，也就是冲动消费的可能性大，尤其是当产品价格不高时。如果订阅者因为你的文章产生的前3次消费冲动你没有抓住机会，让他为此消费，那么在后面的运营过程中再进行转化时，难度就会成倍增加。

不过，现在很多企业都在做社群电商，但他们通常只将社群当作一种简单的产品发布和销售渠道，而没有意识到社群本身也是一种产品，同样需要产品化，需要有一系列配套的系统支持。只有坚持社群"产品化"，将社群当作一种产品，并且是一个需要不断打磨、迭代和成长的产品，鼓励社群成员共同参与进来，充分调动成员的积极性，才能建立起社群的品牌。

此外，从社群运营的另一方面来讲，每个社群的运营都有一定的成本，当扩大到一定规模时，无论是人力、物力成本都会让社群难以承受，此时实现社群盈利就十分迫切。因此，对很多社群来说，与其盲目扩大规模，还不如一开始就着重思考如何变现，只要卖的产品足够好，还是很容易吸引用户重复购买的。

## 品牌化：让社群和用户一路走下去

在重视消费差别化、个性化的时代，品牌化对传统企业具有重要的意义。在互联网时代，一个社群要吸引用户、保持凝聚力和活跃度，都离不开品牌化。

在经历了社群经济时代前期的混乱扩张和野蛮生长后，很多社群已经开始形成自己的品牌，比如产品型社群小米、知识型社群罗辑思维、兴趣型社群腾讯体育社区等。

随着成功社群的品牌化成果突现，越来越多的社群开始注重品牌化管理，逐步厘清社群基因内核，将社群用户按照个体需求进行排序，最后找到整个社群的基因序列，构建社群的品牌形象。

一个有品牌的社群和没有品牌的社群是不同的，有品牌的社群能通过统一的价值观吸引成员加入，通过社群和成员之间、成员与成员之间的积极互动保持社群的活力，从而提升社群的生命力和价值。

一般来说，社群要树立自己的品牌，可以从三个方面努力。

第一，打造社群的品牌媒体。

社群媒体是指社群为公众展现自己形象的媒体平台，包括微信公众号、社群海报、社群微博、社群核心助手号、社群头像图以及社群专属表情包。

社群核心助手号主要是指微信小助手，每个微信小助手可以加5000个好友，也能对外代表社群形象。

此外，微信头像图和社群专属表情包都是社群交流中的图片工具，表情包多种多样，有的是自创的，有的使用流行的明星、语录、动漫、影视截图等素材，配上不同的文字，用来表达一定的观点或者情感。社群成员在平常交流中，采用"斗图"的方式可以快速拉进群员彼此之间的距离，提升社群气氛。

试想一下，如果社群成员在聊天时，能使用自己的表情包，不但能传递社群的文化和价值观，还很自然地推广了社群的品牌。

第二，打造社群的品牌活动。

一个社群要实现自己的品牌效应，不管是在线上还是线下都要学会打造品牌活动，并坚持系列化输出。

吴晓波书友会，是一个面向工薪阶层的免费社群组织。在创立之初，用了几个月时间很快在全国80多座城市积累了8万多粉丝，迅速形成了自己的品牌效应。

书友会之所以能迅速形成自己的品牌，很大程度上得益于全国各地线下经常举办的"吴晓波书友会"读书分享活动。其实，书友会这种分享活动形式的形成也出于偶然：本来社群打算在北京开展一场线下活动，但很不巧的是，当时的互动因为外因被迫取消。粉丝们很理解，却没有失望，反而自发地将官方活动改为自发组织的联谊活动——约好去某个地方大家面对面好好交流一下。

就这样，"吴晓波读书会"在全国各地都会组织线下活动，比如深圳读书会、郑州读书会等。随着分享活动的进行，读书会的声势越来越高。基本上，所有的书友会城市每两周就有一次同读一本书的活动，活动内容围绕当下比较热门的、比较有价值的书进行。分享完后，大家可以交书评，进行PK，最后评出写得最好的书评贴到公众号里面去，并发放奖品进行鼓励。

为了激发群成员的积极性和参与感，"吴晓波读书会"还从以下几个方面做了努力：

1. 号召全部群成员参与咖啡馆改造计划，全面激发参与感。

2. 设立巴九灵创业公益金，用来帮助有想法的书友创业。

3. 关注弱势群体，走情怀路线。比如在纪录片上映时，由有能力的书友们出钱包场观影支持票房。

4. 书友会还组织每周同读一本书的活动，比如《失控》《从0到1》《重新定义公司》等大家都感兴趣而且喜欢看的书。

5. 书友会每半个月邀请一位大咖进行分享会，为会员提供"干货"。

第三，打造社群的品牌产品。

一个社群要实现品牌化，还应该围绕社群品牌打造品牌产品，形成有品质的输出。李海峰老师的DISC双证班社群，就围绕自己的社群品牌输出了一系列的品牌产品服务。DISC双证班在课程内为老学员提供了分区馆长、核心群群主、课堂助教等一系列职位，为大家打造了一个完整的学习型社群体系。李老师不仅自己授课，还帮助学员打造自己的专属课程，邀请大家分享授课。

李海峰老师在全国很多城市推出了"DISC一日商学院"讲座，通过有潜力做好培训的优秀学员的分享，和各行各业的大咖的一起分享学习心得，帮助学员成长。围绕DISC课程，李海峰老师出版了《DISCover自我探索》等图书。李海峰老师还组织过DISC双证班的优秀学员合作出书。

李海峰老师的社群影响力出来后，接到很多直播和在线课程的开发邀请，于是他整合社群资源打造了DISC分享微课。同时，李老师在十点课程上的在线微课"赢得欣赏，在社交圈收获好人缘"突破两万人购买，他还邀请学员在十点课程里做微分享音频课程，希望社群品牌和学员个人品牌形成良性互动，让用户和社群一路走下去。

# 第十章

# 社群落地：从线上到线下的复制裂变

## 打通线上线下，增大社群能量

社群的存在，主要依托于各种线上社交软件，如QQ群、微信群、百度贴吧、豆瓣等。尤其是在社群的野蛮生长期，线上和线下的分界线明显，社群用户之间的交流往往局限于互联网中。

但随着社群规模的扩大和社群运营的常规化，这种单纯的线上连接关系会出现很多问题，最终导致“社群必死”的结局。如何破解社群的“生命周期短”的难题，对很多社群运营者来说都是很大挑战。

但那些成功的社群为我们提供了一个思路——打通线上线下，增大社群能量。通过线上线下互动，社群成员的线上连接可以完成进一步扩散，将更多的人群和资源吸收到线上，同时也能将持续的社群线上辐射范围从网络转化到现实，这就形成了一个良性闭环。

目前，不少社群，如罗辑思维、吴晓波书友会、趁早等，不仅用心经营社群的线上网络，也着力组织线下活动，而且取得了不错的效果。

数字化时代，争的是线上线下的流量。作为知名公众号"小小包麻麻"也预见到了打通线上、线下的重要性。

"小小包麻麻"曾经携手阳澄湖大闸蟹协会，通过线上线下联动，在"小小包麻麻"公众号上推出了"阳澄湖大闸蟹包妈请你免费吃"团购分享活动。同时，将这个活动的宣传延伸到线下，在北京高流量的地铁沿线做广告宣传，打造了非常好的体验场景，消费者参与度很高，一个月内阳澄湖大闸蟹蟹券售卖了15000多份。

随后，"小小包麻麻"又开展了与线下零售巨头沃尔玛山姆会员店的合作，对于沃尔玛会员店而言，线上是一个新的领域；对于"小小包麻麻"而言，与山姆会员店的线下联合，也是向新领域拓展的一种尝试。近年来，随着新零售的不断发展，线上线下开始逐渐融合，这是时代的发展趋势，也是零售业转型的必经之路。

而"小小包麻麻"的目标，正如他们的CEO贾万兴所说："……从简单或者说从相对低维的电商，可能有机会上升为一个更高维度的社交电商。"

不过，一个社群在打通线上和线下之前，首先必须弄明白自己发展线下活动是基于什么样的目标和预期。这个目标和预期一般要与社群的核心价值观一致，否则很难调动群成员的参与积极性。只有目标明确，组织和策划才有方向，从而保证线下活动的质量。

大到国家之间，小到企业之间，都是需要合作的，当自己的力量不够时，找到伙伴合作往往能实现事半功倍的共赢局面。打通线上和线下，就是社群和线下组织实现合作共赢的最佳方式。当你发现自己能量不够的时候，就去寻找好的社群或者线下机构，或许他们也正需要更多的资源和组织参与变大势能。

此时，双方可以以协助的方式进行合作，慢慢打开自己运营的界限。比如，以"学习、行动、分享"为理念的青年社群——"行动派"，在为全球著名的整理大师近藤麻理惠大师的大弟子举办首次国内面授课时，Better Me社群就找准机会加入其中，作为协作者和行动派社群一起举办了这次线下活动。通过这个活动，

Better Me社群不仅提高了人气和知名度,也为举办线下活动开拓了渠道,同时还赢得了一定的运营资金。

打通线上线下,增加社群能量是社群落地的重要步骤,也是每个社群运营者都应具备的重要意识。在扩大线上规模的同时注重组织线下活动和资源,不仅能提高社群影响力,还能通过验证社群的核心价值观打造社群品牌,从而进一步吸引用户加入。

## 复制活动经验,拓宽社群空间

科学家牛顿曾说:"如果说我比别人看得更远些,那是因为我站在巨人的肩膀上。"一个社群想要快速成长,就要学会借鉴别人的活动经验,这种策略在社群运营中叫"复制"。通过复制活动经验,可以快速拓宽社群空间,增加社群能量。

一个社群在吸收了第一批会员后,就要开始为扩大社群知名度和规模做准备,最有效的方法是口碑营销。而最好社群口碑营销的最有效的方式就是线下交流。线下的交流方式有聚会、沙龙、开放日等,都可以为社群成员提供交流平台,为他们创造面对面交流的机会。

那么,什么样的活动最受欢迎,怎样组织活动最有效?

第一,活动的主题一定要精心策划,选择互联网热点内容形成的话题更容易激发社群成员的参与积极性,形成良好的互动。

第二,邀请的活动大咖要有料更要有趣,有料能给群友们分享干货,有趣的分享形式更受欢迎。

第三,选择活动场地时要综合考虑多方面因素,交通便利、环境安静平和的场所是最好的选择。

第四,尽量选择志同道合的朋友,提高活动的品质。

此外，一场好的线下活动还要有个良好开端，要为群成员提供便利的报名和入场方式，常用的方式包括电脑网页、微信、App报名通道，通过这些方式，用户可以方便地在线上申请报名，到现场后通过二维码验票入场。

当然，组织一场活动时还要注意对活动的推广，简单地说就是要让更多的人知道这场活动。社群可以通过旗下微信公众号、微博、QQ群等平台发布活动信息，通过头条消息、百家号等平台发布活动文案。

最后，活动现场的报道及活动结束后的总结和二次宣传也很重要。活动组织者可以通过不同的合作方式，在多种渠道进行推广。

有一段时间，"即刻""轻芒"等基于兴趣推荐的资讯类App受到很多人欢迎。很多人喜欢它们的理由也很简单：如果我喜欢一个东西，我想更多地、第一时间地了解到他的信息。就像你追求喜欢的女生一样，你会通过她身边的各种人去了解她的动态。如果出现一个新的渠道可以提供所需要的信息，你一定不会拒绝。

"即刻""轻芒"等社群就是抓住了人们希望通过最便捷的方法获得自己感兴趣的东西的社交心理需求，打造"有价值的兴趣社交"社群。

要做"有价值的兴趣社交"，这类社群的线下活动形式就要从群成员的兴趣点出发，对社群现有组织进行重新分类聚合。比如，"即刻"社群有多个学习小组，在进行重新分类时可以根据成员的兴趣分成郊游、桌游、逛展览馆等兴趣主题的社群。

根据二八定律，社群中20%的人能带动其余80%的人玩起来。在每个主题下，找到那些参与度高、愿意为平台出力并且最会玩的人，帮助平台组织活动，这些人就会成为兴趣社群的关键意见领袖。社群此时就会成为线下活动的沟通场地。

比如，如果我们组织一场狼人杀的活动，20%有经验的玩家，可以在活动现场为大家分享狼人杀的攻击玩法，80%不熟悉的玩家在体验狼人杀的同时还能积攒经验，并凭借这些经验在和其他人玩的时候战胜对手。

这样的线下活动完美结合了社群成员的兴趣点，并给这些兴趣赋予了价值属性，就像在打游戏时"获得新技能"或者"技能升级"一样。这就实现了所谓的"有价值的兴趣社交"。

当然，社群组织线下活动的形式不要限于聚餐，而是要结合主题采用不同的形式。

喜欢逛展览馆的社群成员，可以把活动地点约在某个展览现场，对这个展览最了解的成员可以担任讲解员，或者邀请专业讲解员，让大家在逛的时候能够收获一些知识。喜欢咖啡的成员，可以约到某个线下场地，学做咖啡。

组织线下活动，不光有利于社群空间的壮大，对线下场地来说，参加活动的成员都是有付费能力的精准用户，也是一举两得，何乐而不为？

无论是对个人还是社群组织来说，成功都是可以复制的，因为他们的成功都有迹可循，具有一定的规律。通常，社群组织线下活动的具体操作办法可以通过以下四张表——线下活动运营清单来实现。

表 10-1　××社群·沙龙策划排期表（拟定）

| 项目 | 周六 | 周日 | 周一 | 周二 | 周三 | 周四 | 周五 | 负责人 | 备注 |
| --- | --- | --- | --- | --- | --- | --- | --- | --- | --- |
| 物料准备 | | | 1 | 1 | 1 | | | | |
| 嘉宾邀请 | 1 | 1 | | | | | | | 3位老师 |
| 主题策划 | 1 | 1 | | | | | | | 提前1个月 |
| 朋友圈推广 | | | 1 | 1 | 1 | 1 | | | 报名 |
| 微信群推广 | | | 1 | 1 | 1 | 1 | | | 报名 |
| 公众号推广 | | | 1 | 1 | 1 | 1 | | | 报名 |

续表

| | | | | | | | | |
|---|---|---|---|---|---|---|---|---|
| 现场布置 | | | | | | 1 | | 预演 |
| 现场沙龙 | | | | | | | 1 | |
| 小聚会 | | | | | | | 1 | AA制 |
| 数据分析 | 1 | 1 | | | | | | 复盘 |
| 线上传播 | 1 | 1 | 1 | 1 | 1 | 1 | 1 | 检测结点 |

表10-2 沙龙签到表

| 序号 | 姓名 | 联系方式 | 报名方式 | 其他 |
|---|---|---|---|---|
| 1 | | | | |
| 2 | | | | |
| 3 | | | | |
| 4 | | | | |
| 5 | | | | |
| 6 | | | | |

表10-3 沙龙物料表(拟定)

| 大项目 | 序号 | 项目 | 数量 | | | 单价 | 金额 | 说明 | 完成情况 |
|---|---|---|---|---|---|---|---|---|---|
| | | | 数量 | 单位 | 规格 | | | | |
| 展示类 | 1 | 条幅 | 3 | | | | | | |
| | 2 | 易拉宝 | 3 | | | | | | |
| | 3 | DM单 | 500 | | | | | | |
| | 4 | 背景写真 | 3 | | | | | | |
| | 5 | 投影仪 | 2 | | | | | | |
| 形象类 | 6 | 二维码服装 | 150 | | | | | | |
| | 7 | 形象站 | 400 | | | | | | |
| 终端类 | 8 | 货架 | 2 | | | | | | |
| 装饰类 | 9 | 果盘 | 30 | | | | | | |
| | 10 | 装饰花草 | 30 | | | | | | |

续表

| | | | | | | | | |
|---|---|---|---|---|---|---|---|---|
| 物品类 | 11 | 证书 | 60 | | | | | |
| | 12 | 奖状 | 60 | | | | | |
| | 13 | 奖品书 | 120 | | | | | |
| 工具类 | 14 | 纸笔 | 120 | | | | | |
| | 15 | 纸杯 | 120 | | | | | |
| 推广费 | 16 | 微信 | 1 | | | | | |
| 总额 | | | | | | | | |

表10-4 用户统计表

| 序号 | 姓名 | 联系方式 | 需求 | 资源 |
|---|---|---|---|---|
| 1 | | | | |
| 2 | | | | |
| 3 | | | | |
| 4 | | | | |
| 5 | | | | |
| 6 | | | | |

前人栽树，后人纳凉。上面四个表格是一些社群活动的成功经验总结，在此后的社群活动中灵活运用，就是一种复制。这种复制能快速拓宽社群空间，推动社群的进一步发展。

## 吸引牛人大咖，实现优质合作

社群想要做大、做强，运营过程中一定要和各种牛人、大咖合作。目前，普遍流行的合作方式有两种，一种是签约，一种是不签约。无论哪种，牛人、大咖的加入都会给社群带来更多有活力、有质量的分享，社群也会帮他们打造自己的个人品牌和影响力。

那么，如何邀请大咖嘉宾加入社群，分享他们的学识和经验呢？

第一，通过新媒体与大咖建立连接。

在心理学上，有个著名的六度空间理论，说的是一个人和另一个陌生人之间的距离不会超过6个人，也就说每个人都可以通过最多6个人就能联系到想要联系的陌生人。这个理论说明了与牛人、大咖建立连接关系并不难。在互联网时代，与人建立连接的渠道和方式更加多元，连接到大咖、牛人更加便利。比如，如果某位大咖的微博更新比较活跃，就可以在他的微博中积极参与互动，留下印象后再通过微博私信邀请他就是水到渠成的事了。如果大咖的微信公众号更新比较活跃，那么可以通过参与评论的方式到后台留言，而且尽量把留言写得好一些，这样能最快吸引到大咖的注意，一旦他回复了评论，连接也就建立起来了。

在和大咖、牛人建立连接的时候，必须主动，一旦找到能够满足社群需要的合作方，就要积极出手。当然，如果社群能量不够，可以先连接资源，培养感情，再邀请合作，以提高成功概率。

Better Me（简称BM）社群的城市营在北京、上海、广州、深圳展开后，是这样与行业大咖建立连接的：首先，鉴于当地的大咖资源丰富，而且大多已经获得了"在行"行家的身份，BM首先通过"在行"这样的网站识别他们，评估他们和社群的匹配度，进而找到适合BM的大咖。

在约见这些大咖前，BM社群一般会先给对方提供一些有价值的东西。比如，在微信公众号评论区针对他们发布的内容写些自己的看法或者建议，只要质量够好，大咖们一般都会采纳，双方的连接就会成功建立起来。

在建立连接后，BM社群会派出联络人与这些大咖、牛人进行深度沟通，传达自己的合作诉求，将双方的弱连接关系转化为强连接关系。这样，社群就可以顺利邀请大咖参加社群的线上分享活动。此后，随着双方合作的深入，线上合作的牛人、大咖可以继续在各自所在的城市参加线下活动，担任嘉宾。

经过不断的合作，大咖可以成为社群的线下签约讲师，在社群的包装和推广后，进行线下活动的讲师面授课。这种高质量的讲师资源和社群捆绑后，社群成员与社群产生的互动连接会越来越多，质量也会越来越好。

第二，为大咖、牛人出钱或者出力，赢得他们的信任。

一些"在行"的大咖、牛人拥有自己的产品和服务，出钱购买他们的产品或者出力参加他们组织的活动，就能快速赢得对方的好感，逐步建立起信任。

这种方式的好处有很多：一方面可以得到大咖的认同，你愿意出钱购买产品说明对他的观点比较认可。另一方面，让大咖有安全感，你的出钱或者出力行为会让大咖觉得你是可信任的人，这就让未来合作有了好的开始。

第三，投资自己，让自己变得更有价值。

在人际交往中，一个人的层次决定着他的朋友圈层次，所以最好、最根本的办法是提高自己的层次。这同样适用于社群运营，想要与更多的大咖建立强连接，实现优质合作，社群运营者必须踏踏实实地努力学习更多的东西，让自己变得更有价值，从而获得与大咖、牛人们平等的对话权。这样，在吸引大咖的同时，还能给大咖一定的回报和反馈，这是一种更强大的力量。

吸引大咖、牛人的参与，是双方合作的第一步骤，而要实现双方的优质合作，还要注意下面几点：

1. 关注对方需求，明确什么是他真正想要的。和大咖、牛人的合作能否顺利展开，关注对方需求是最重要的，如果无法发掘对方的真正需求，后面的工作就无法继续进行。

2. 要了解合作方对接人的做事风格。合作方对接人是合作方的代表，在双方合作过程中，其与社群接触最多也最直接，很多时候他的意见会主导合作方的意见。所以，在合作的时候，一定要了解对接人的风格，便于以后的沟通、合作。比如，当对接人性格比较外向时，和他的交流可以放松一点，双方也能更轻松。当对接人比较严肃时，嘻嘻哈哈地交流就会给对方留下不靠谱的印象。

3. 多站在合作方的角度考虑问题。在合作时，要把合作方当处女座，在和对方交流、提交方案的时候一定要真诚，注意细节。在写方案的时候，要站在对方的角度，让合作方有一种代入感。此外，在合作中还要注意多用"我们"替代"我""你"，适当降低期望值，及时向合作方播报进度，等等。

4. 合作后要及时总结，保持后续跟进。合作后及时总结很重要，通过总结，双方可以更好地了解合作过程中出现的问题，并提出优化方案，为以后的进一步合作做铺垫。

## ✹ 打造人才梯队，储备社群人才

人才在传统企业中有着重要作用。索尼神话的缔造者盛田昭夫说过："优秀企业的成功，既不是什么理论，也不是什么计划，更不是政府的政策，而是'人'。'人'是一切经营的最根本出发点。"成功的企业不仅重视当下人才的任用和管理，还特别注意培养未来的可用人才，这是保障永续经营的重要驱动因素之一。和企业一样，在社群建设中，打造人才梯队，储备可用人才也是非常重要的。

如果一个社群没有打造人才梯队，缺乏合适的人才储备机制，一旦有工作人员离开，其他人不懂工作内容或者工作流程不熟悉，就会打破社群的正常运营节奏。

打造人才梯队，形成人才储备机制，相当于给社群建造了一个人才储水池。那么，如何才能打造出高水准的人才梯队？一般来说要从以下两个方面着手。

第一，在社群中设置观察员角色。

观察员是指团体中一个具有反射功能的角色，他能客观或纯粹地观察团体中发生的问题，寻找解决问题的办法。在社群中设置观察员的角色，是因为社群日常活动不需要太多人参与，几个人就足够撑起一台戏，但出现问题时会因为所处立场陷入"当局者迷"的局面，如果有观察员，就能从旁观者的角度发现问题，才能快速解决问题。

从加入社群开始，观察员就要首先了解社群活动的完整流程。虽然他还不需要马上执行具体活动，但他通过了解和观察，会让自己对每个细节有更加细致深刻的了解，并且从中学会更多的做事方法。

在互联网时代，社群不可能对每一个小伙伴进行强化培训，而通过耳濡目染的观察，让小伙伴们通过自我观察去掌握社群的运营模式，能达到事半功倍之效。此外，线上的小伙伴可能会因为种种原因而出状况，观察员可以随时出现，帮助他们解决危机。

第二，提前储备可用人才，完善社群岗位工作移交说明书。

铁打的营盘流水的兵，形容的是组织和人才的关系，在移动互联网时代的社群中，人员的流动是社群运营者都要面对的问题，尤其是当社群具有一定规模时。如果缺少储备人才，就会在遇到人员突然离职时抓瞎。因此，在一定规模的社群中，必须提前储备可用人才。社群管理员必须有一双发现人才的慧眼，及时发现可用人才。

不以规矩，无以成方圆，在挑选可用人才方面，社群应该设置一定的流程，让储备人才的选拔形成规范。

在Better Me社群中，人才储备一般是分三个阶段进行的。

第一阶段是内部推荐，一般由核心群员推荐优秀成员。

第二阶段是填写资料表。核心群员要为被推荐的成员填写背景资料，说明推荐理由，主要包括：什么时候入群的；做了什么事情让你觉得他可以胜任更重要的角色，既要有客观事实，又要有具体数据支撑；对他的评价（主观看法）。

第三阶段，将被推荐者纳入观察员考核体系，社群管理员可以提供小任务对备选成员进行考核。

这三个阶段组成了Better Me社群的储备人才培养的完成体系。在这一体系中，优秀的群成员能快速被发现，成为组织社群活动的骨干力量。

此外，在人才梯队建设时候，还要注意完善社群岗位工作移交说明书。很多成功的社群的人才梯队建设的实践表明：要构建出完善的人才梯队，还应该逐步整理出关于社群岗位的工作移交说明书。

铁打的营盘流水的兵，在网络环境中，社群运营岗位变动的可能性更大，必须用一些规范性的文件来保证岗位的正常交接。在这些岗位说明书等文件中，最重要的是岗位职责移交说明书。这样，如果观察员表现合格，就可以顺利地成为社群运营的核心骨干。

虽然社群是互联网时代的非正式组织，但也需要有岗位职责说明书来保证工作流程的顺畅，提高工作效率。尤其是在网络环境中，人员变动频繁，人与人之间缺少面对面的交流，如果再没有辅助文件的帮助，沟通效率会比职场中面对面的沟通效率低很多。

在社群规模不大时，大家的熟悉程度比较高，正常沟通和工作交流都没有什么问题，可以不需要岗位说明书。但当社群规模扩大到一定程度，群成员遍布全国各地，而人员变动又比较频繁时，此时像企业一样做岗位职责说明书等规范性文件就很有必要。

其实，社群的岗位职责说明书只是为了在社群人员变动时，可以快速移交给接手负责人工作，让后续工作能够顺利推进。在实践中，如果有可能，移交人和接手人最好花一段时间共同推进工作，这会让工作衔接得更顺畅。

## ✹ 整合线下内容，引爆线上传播

对社群来说，单纯的线下活动因时空限制，影响力的辐射范围是有限的，要想扩大影响力，必须先整合线下工作内容，再放到互联网平台上创造线上的再度传播。这样做，不仅能引发社群话题的二次传播，吸引更多的人进入社群，还可以从点到面，将话题引爆、扩散，汇集更多的人来参加线下活动。

民以食为天，在物质生活普遍很丰富的今天，餐饮店不再只提供美味可口的食物，让顾客吃饱吃好那么简单，而是要为顾客提供全新的体验，比如网易开了易间咖啡厅，摩拜联合Wagas（沃歌斯）开了单车主题餐厅，Tiffany（蒂芙尼）跨界开了主题餐厅……

知乎，一个拥有1亿注册用户的知识平台，也开始走线下营销之路，联手"饿了么"在北京开了一家有趣的快闪店……

2017年9月的一天，"知食堂"餐厅在北京的商业中心三里屯开业了，限时开业三天，人气爆满。

"知食堂"火爆的原因，总结起来包括几个方面：

其一，为了这次开业，知乎提前进行了一系列的品牌宣传活动。不仅在线上组织了一期以"吃"为主题的《知乎周刊》，利用话题来增加参与感、提升网络热度，还与支付宝一起拍摄主题为"关于一个人吃饭时什么心情"的微电影，进行知乎问答，继续制造话题。在信息碎片化的时代，如果没有话题，就无法进入公众视野。知乎在这方面的做法值得传统餐饮业者借鉴和参考。

其二，用创新颠覆顾客对食物的认知。和其他餐厅不同，"知食堂"主张"知有趣，食不同"，让顾客可以享受到非一般的"知食"，边吃边学。为此，"知食堂"从食物的命名到宣传文案都别出心裁——"可以喝的墨水""切开十万个为什么""一口就够的干货""芝士就是力量",等等。为了让顾客方便找到答案,知乎还充分利用互联网技术,在包装上都印上了二维码,顾客只要拿出手机扫一扫,就能自动跳转到知乎平台,找到精准答案。

此外,"知食堂"开设特色主题包房,根据人体感觉分为视觉、味觉、嗅觉、感觉等特色场景,开展有针对性的场景营销,让顾客以更直接的方式感知知识的力量。这就是"内容",在营销越来越需要精准和场景化的当下,给场景赋予内容,能给顾客的生理和心理带来全新的体验。

其三,把握时机,满足用户需求。"知食堂"的开业抓住了开学季的热点,"00后"无疑是很多品牌的主要受众群体,这也保证了参与度。

在"知食堂"的成功经验中,最值得关注的就是如何经营粉丝社群,把线上用户引流到线下,然后整合线下内容,实现线上引爆。

一、整合线下内容,引爆线上传播

关于如何整合线下内容,如何引爆线上传播,一般可以从三个方向进行努力。

1.组织优质的线下活动,吸引线上报名。

当活动还处于报名阶段时,主办方要对活动举办的目的、内容、方式和作用,描述得精准而又有趣,通过这种优质的描述,能直接影响线上的传播速度和报名数量。

2.通过对线下活动的内容呈现引发线上传播。

活动处于开展阶段时,好的活动内容能通过大量转发,迅速引爆线上传播。在这个过程中,社群可以进行一些积极的引导,让更多的人参与到传播环节中来。

3.活动结束后,通过总结建立线上的口碑和影响力。

线下活动结束后,要及时对活动进行总结,及时在线上输出,引发二次传播,也能让大家对下一次活动有新的期待。在总结的时候,要做到真实、客观、真诚,正如人无完人,也没有完美的活动,对活动进行实事求是的总结,比过度吹嘘成功更能获取用户的好感。

二、渠道引爆

渠道引爆也叫流量引爆，是对渠道流量和KOL（关键意见领袖）的引流。渠道引爆作为一种高效的传播方式，能有效提高线下活动在线上传播的效率和影响力。

常用的曝光引流平台包括媒体、第三方平台、其他渠道等，其中第三方平台是指微信朋友圈、微信公众号、微信群、微博、豆瓣同城、"周末去哪儿"和"今天玩什么"等活动类App。

和社群相关的KOL进行合作，或者培养社群自己的KOL，以他们的视角来参与、点评线下活动，尤其是几个KOL进行信息转发接龙时，传播效率更高，能很快吸引新的同好用户。

三、运营引爆

社群有一定的生命周期，运营就像能量补充，把握进度节点和时间节点，控制社群的传播节点就能实现多次引爆的可能。

对线下组织而言，全国性布局能够带来更多的合作机会，很多企事业单位在全国各地都设立了分支机构，但这些组织本身没有社群运营能力和团队。社群通过和线下单位一起组织活动，不仅能扩大社群的影响力和知名度，还能引爆到线上的运营活动。

比如，证券公司都有全国性的网点营业部，他们希望增强客户的黏性，通过社群的力量，再加上线下的网店场地和资源支持，线上线下打通就会事半功倍。

# 第十一章

# 变现之路：从社群到社群经济

## ✺ 打破瓶颈，把兴趣社群导入商业模式

社群，简单地说，就是把兴趣爱好相同的人汇集在一起做一件事。构建一个兴趣社群并不是最难的工作，难点在于让社群长久维持下去。这就有必要为兴趣社群导入商业模式，实现兴趣社群的商业化。

管理大师德鲁克说："当今企业之间的竞争不是产品之间的竞争，而是商业模式之间的竞争。"在各种社群经济模式中，粉丝社群是最容易实现商业化转型的一种社群，比如小米社群。

所谓粉丝商业模式，就是基于粉丝需求展开的大数据营销，一般通过打造社群、聚合粉丝、收集需求信息来实现。打造粉丝社群首先要找到粉丝，聚合粉丝要像三国演义中的孙策向袁绍借兵建立江东基业一样，学会"借兵"——也就是借第三方公共平台的网民为我所用。这里的第三方公共平台主要是包括新浪微博、微信、QQ、百度贴吧、人人网、豆瓣等社交平台。

一个社群要实现变现，应该首先确定自己的产品特点。小米的早期粉丝可以是手机发烧友，而"锤子手机"罗永浩的粉丝可以一起谈情怀和工匠精神，罗振宇的粉丝可以一起谈求真、求爱、求智……

如果经营的是产品型社群，那么产品本身应该具有一定的复杂程度，可以让使用者产生话题。最好选择手机等智能化产品，这种类型的产品不管是软件、硬件、外设，还是配饰，都可以成为使用者之间分享和交流的话题，使得社群有扩展的可能。比如小米手机、锤子手机、360手机等。

但不是所有社群都有产品。如果不能依托产品构建社群，可以先考虑围绕兴趣构建粉丝社群，然后再连接到产品，实现商业社群的转化。

罗辑思维最开始是围绕兴趣构建的社群，但不论是罗振宇还是罗辑思维社群本身，都只是在会员中提供互帮互助的服务模式，通过社交平台实现群成员之间的自发连接。罗辑思维社群在微信群成功启动第三期会员招募后，自动转化为电商平台，从而变成传统的口碑+导流模式。

在锤子手机社群，罗永浩则是利用自己的明星效应，借助粉丝转发和口碑带动产品销售。在手机开始量产后，罗永浩则把更多的精力放在如何打造现在的旗舰店上，减少了对社群本身的关注。

一般来说，一个运行良好的商业社群有以下几个特征：

1. 采用去中心化的管理模式。

商业化社群需要所有群成员的参与，并以所有人认可的特有文化形成自发运营模式。在这种模式下，群成员通过和社群的一起成长，提升自我价值和对社群的认同。但要实现去中心化，弃用组织关系，实现社群的自发运营，社群就要培养一批有组织能力的活跃小伙伴。这些人能通过自发组织社群活动，为社群创造收益。

2. 让社群连接变得复杂化和多元化。

在一个社群中，一开始，社群之间的连接可以围绕一个兴趣点进行，但随着规模扩大，社群连接的兴趣点也会增加，比如围绕运动、健身、阅读、手绘、棋牌等兴趣点构建社群的内在连接点。这些连接点能增强社群凝聚力，促进社群成员的内部分享，创造新的商业合作机会，从而形成社群的品牌溢价效应。

3. 做到专业化，才能形成商业的规模化。

商业说到底是竞争性行为，能掌握具有竞争力的专业技能的社群是少数。在社群电商时代，社群通过自身专业化，打造强连接关系，才能形成更大范围的传播，进而实现商业的规模化。那些凭着本能做商业转化的社群，基本上规模都不大，因为这些社群在前期靠的是本能，后期靠的是经验。

## 提高价值，运营付费社群

付费社群，简单地说，就是需要付费加入的群或者圈子。

一个社群在建立之初实行免费运营模式，用低准入门槛为社群带来更大的流量，能在短时间内快速提升人气和社群影响力。但时间一长，免费社群中提供内容的成员的劳动和价值都得不到应有的尊重，提供新内容的热情和积极性就会消失，社群就会陷入缺乏内容支撑的困境。同时，社群的长久运营绝不是简单的碎片化时间投入，而是需要大量的人力、物力做支撑，免费之道显然不能长久。

所以，在社群之风盛行一年后的2017年，越来越多的免费社群开始变身，转为付费运营模式。比如，混沌研习社、碳9学社、李笑来老师的大学新生社群等，都是收费型社群。比较而言，付费社群的准入门槛比较高，能够更精准地筛选出目标群体。

"旅客"App创始人判官曾在一篇文章中写道："不可否认，人和人之间的社会地位、经济实力、消费观念是千差万别的，社交本质上也是一种信息和价值的交换。在人和人建立关系的过程中，双方在供需关系上如果存在势能差异，弱势方势必需要提供更多的价值去补偿优势方，说通俗一点，起码请对方吃个饭、喝喝茶吧。"这段话从另一个层面说明了运营付费社群的重要性和必然性。

随着社群经济的不断发展，付费社群已经成为社群发展的必然趋势。这是因为，一方面付费方式是证明"真爱"的重要方式，社群可以从众多会员中找到最有决心和魄力的会员，和社群共同发展。另一方面，付费为社群提供了运营基金，为社群服务的优化和升级提供了经济支持，这样社群反过来又能为群成员带来更专业的持续的高价值。

那么，什么样的免费社群能升级成收费社群？什么时候才能把免费社群升级为付费社群呢？付费社群该怎样定价？

第一，一个社群在准备升级为收费社群时，要先确定以下几个问题：

1. 你提供的服务是否有虚拟化的免费服务？——有的话，你的优势在哪里？
2. 你提供的服务是否有线下的付费服务？——有的话，你的优势在哪里？
3. 你提供的服务是否有同类的社群服务？——有的话，你的优势在哪里？

物以稀为贵，在社群经济中也同样适用。社群成员归根结底也是消费者，肯付费是因为社群的内容有独特的价值。上面三个问题要解决的正是带给群成员价值的问题：第一个问题可以帮你解决服务内容线上独特性的问题，第二个问题可以帮你解决内容服务线下独特性的问题，第三个问题则是帮你解决自身独特性问题。

一般来说，能解决这三个问题的社群就是一个品质比较高的社群了。这种优质社群一定会设置比较高的入群门槛，也就从一开始就通过价格相对精准地筛选出同一类人群——行为模式、生活背景和价值观比较一致的人。

在推崇"知识付费"的当下，越来越多的知识大咖开始通过建立学习社群为人们提供知识服务。曾经的新东方名师、畅销书作家李笑来就是其中一个。

李笑来老师建立了自己的付费学习社群，里面的小伙伴都通过努力学习，期望取得一定的进步。李老师认为，付费是学习社群运营的关键一环，不以赚钱为目的的学习就是耍流氓。

当他的新书《新生——七年就是一辈子》完成后，他没有走传统渠道，按本、按册卖，而是提出一种新的销售方法——2555元/年，而且不能一次性买下。

凭借这个付费标准，很快就能把肯为知识付费和不肯为知识付费的人区别开来。这两种人不论是世界观、价值观还是学习能力都有着天壤之别，收费的结果就是把一群价值观相同的小伙伴聚集起来。结果，在这本书预售的一个月时间里，有1700个小伙伴参与购买。

此外，李笑来老师创建了一个名叫"一块听听"的付费音频课程，2017年面世100多天就吸引了24万人关注，累计付费人数高达59万，累计付费金额达到600万。

第二，一个免费社群何时才能升级为付费社群，取决于它的活跃度、人才储备、运营规模、服务策划等方面是否做得到位。可以说，付费社群是免费社群必经的成长过程。

要实现免费到付费的升级，社群必须保持一定的活跃度，广大群成员在群里愿意相互交流和帮助，对社群形成一种信任感和亲密感。社群还要具备一定的人才储备，也就是能找到有能力、有时间的活跃分子参与社群管理，分担经营者的压力。此外，社群要确定自己的服务优势，并要正确评估付费社群能吸引多少原有成员的加入，以及他们能接受的付费价格，推算社群运营的收支是否平衡。

第三，在确定付费社群的定价时不能忽略社群运营隐形成本。

和企业管理成本一样，社群运营成本也分为外在成本和隐形成本。外在成本主要表现是社群运营的现金流成本，这是一目了然的成本。隐形成本主要包括机会成本、注意力成本、品牌成本等。

机会成本：如果这一年不运营这个社群，而是做别的事情，赚的钱未必比运营社群少，而且不用花费这么多精力和时间。

注意力成本：社群的大量沟通工作会消耗很多时间，你的注意力也会被社群运营吸引,从而影响学习其他新事物。

**品牌成本**:创建社群的人往往自带一定流量,运营不当就会造成损耗。

确定运营成本之后,运营一个付费社群在确定价格时还要考虑收费方式,即按年收费,还是按周期收费。一般来说,按年收费的服务最好是某种标准化的产品,可以培养大家的日常生活习惯,比如《每天听读一本书》《樊登读书会》《薄荷英语》等。按周期收费的话要先确定一个合理周期,比如一个合理的学习周期一般是21~28天。

总之,从免费社群到付费社群,是提高社群价值、打造社群品牌的必经之路,这其中的每一个关键点都不容忽视,时机、成本、定价都影响着打造付费社群的成功概率。

## 意见领袖:激发社群战斗力爆表

意见领袖这个概念,来源于两级传播理论,是美国社会学家扎拉斯菲尔德于1940年提出来的。两级传播理论,是指关于由媒介到意见领袖再到受众的传播方式的传播理论。

意见领袖具有以下特点:他们是人群中比较活跃的部分,在人群中能引发广泛响应;他们比一般人更多地接触媒介,更多地知道媒介的内容;人群把他们看作主要的信息渠道,由他们将信息加载到受众脑海中,影响受众的决策。

对于社群来讲,意见领袖就是精神象征、动力象征和榜样象征,就像樊登读书会中的樊登老师。

成立于2013年的樊登读书会,短短几年时间,已经在全世界拥有1400多个分会和460多万会员,无疑是社群中的翘楚。樊登读书会是个基于互联网平台的阅读、学习社群，以文字解读和视频、音频讲解的形式，每年为会员讲解50本书。创始人樊登老师，早已成了这个社群的意见领袖。他每次讲完一本书，这本书很快就会脱销。

樊登说："我们的大批会员之所以会一直续费，就是因为感觉到我们提供的东西比他自己读到的多。他自己读完一本书可能根本就没抓住精髓，不知道这本书为什么好，好在哪里，而我们会告诉他一切，就像一个老师一样。"

而不少会员也表示："能有樊登老师这样的人讲书给我听，我觉得非常幸运。"显然，他们已经把樊登老师当作了人生导师。樊登读书会要举办线下活动的时候，不少观众会专门乘飞机从外地赶来，就是为了见到樊登老师，就像粉丝去参加歌星的演唱会。在很多活动中，樊登老师都是在万众期待中闪亮登场，全场掌声雷动，欢呼不断。讲台上的樊登常常就一个话题侃侃而谈，台下的观众获得了知识和领悟，活动结束后很多人还会挤到台前，表达对樊登的感激和崇拜。

作为社群的意见领袖，樊登丝毫不讳言读书会是一门生意，而且把自己看作是最懂得用户需求、贩卖阅读能力的创业者。受他影响而改变的人很多，樊登读书会北京某分会会长就是其中一个。当他正面临创业失败、陷入人生低谷的时候，听到樊登讲解的《正念的奇迹》，顿时感觉"醍醐灌顶"，于是咬牙走出了低谷。所以，他一直尊称樊登为"老师"，并加入樊登读书会，开始了新的创业之路。

在樊登读书会的活动中，很多分享者会不经意间说出"听我讲""你需要知道的是……""你懂吗？"这样具有教师风格的语言，不过他们的喜欢也溢于言表，除了金钱，工作还能让他们体味"传播知识"的满足感和成就感。

意见领袖在一个社群中有着关键性作用，不仅能够引导社群舆论导向、带动社群的氛围、增强社群成员之间的连接，还对社群的发展裂变、分会的设立、社群活动的宣传，甚至社群的日常运营有指导和支持作用。

那么，社群的意见领袖是怎么产生的呢？

一、内部产生

内部产生,主要是找到具有有资源、有个人魅力、积极参与社群活动等特点的高活跃度社群成员,把他们培养成社群的意见领袖。通过这种方式产生的意见领袖,叫内部意见领袖,和外部渠道相比有更强的可信度,同时还能鼓励其他成员活跃起来。对于社群中有潜力的关键人物一定要多加关注,社群管理员要多给予鼓励,并建立良好的私人关系。这样对把控整个社群更加有利,并可以从管理员口中了解社群的优势和不足。

意见领袖除了能带动社群氛围,最重要的是可以参与社群的维护。无论是社群规模的扩大,还是实现社群落地,抑或社群变现,意见领袖都是保证社群高速发展的重要人力资源。罗辑思维社群尽管已经具备了足够的影响力,但作为社群意见领袖的罗振宇,仍然在第一线做着频繁的内容输出——无疑,由人发起的内容输出,比官方账号发起的内容输出更具亲和力。

二、外部引入

外部引入,就是寻找行业大咖、牛人加入社群,一般以分享经验、讲课为主要形式。外部引入的意见领袖本身自带影响力,不需要额外的培养。甚至只通过一次合作,就能将其变成意见领袖,谋求共同发展。

采用外部引入的方式时,更好的办法是以先帮大咖们建立社群的方式进行合作。这些大咖在获得自己的社群后,参与分享和合作的积极性都会提高,同时由外部引入意见领袖,围绕他们形成社群的多中心化群组,多点覆盖,社群的综合实力和影响力都会增加不少,从而激发社群战斗力。

## ✻ 蚂蚁压阵:"一群人团结起来占其他人便宜"

蚂蚁,作为个体力量薄弱的个体,是自然界最懂团结的一种动物。从蚂蚁团结一致搬豆子或者面包的故事里，不难看出它们强大的团结精神。

从本质上说，社群是把一群力量不够强大的个体汇集起来做一件事。所以讲究的也是团队作战，也就是所谓的"蚂蚁压阵"战术，正如罗振宇所说的"一群人团结起来占其他人便宜"。

当一群人聚集到一起之时，就会产生占便宜的能力，这是商业利益的重要来源。这是因为，很多人通常不信任品牌，尤其是新的品牌，因此媒体捧出来的品牌毫无意义。但很多人都信任朋友的推荐，这样就由推荐和信任构建出互联网社会的基本组织形态，从而降低交流的成本。

蚂蚁压阵最简单和常见的商业行为就是做团购。

罗辑思维社群和乐视有过一次合作，是乐视白送10台电视和20台电视盒子给社群，相当于罗辑思维的10万会员在给乐视做广告。双方的合作很成功。

对乐视而言，这是一次成功的营销。第一是增加品牌曝光度，罗辑思维的影响力很大，能覆盖100万人；第二是人格背书，得到罗辑思维的认可，相当于罗胖给乐视做了阶段性的形象代言人；第三是具有社会意义，罗辑思维是一个知识社群，给罗辑思维捐赠就等于尊重知识、支持学习。

传统的抽奖形式让每个人都有参与的机会，但罗振宇告诉你，没付费的人就是没有机会参与。

总之，以上就是罗振宇说的"一群人团结起来占其他人便宜"，也就是社群的逻辑。

那么，怎样才能用好"蚂蚁压阵"战术，实现一群人团结起来占其他人便宜？

"蚂蚁战术"可以为你的文章造势，在朋友圈造成"刷屏"，让信息迅速传播开来；它也能在依靠点赞排名的"知乎"等平台上，让你的某个问题、某个答案被迅速置顶；一个人的力量有限，但是借助社群的力量，一个"好答案"只要被点赞次数足够多，排名自然就会靠前。

目前，社群在营销中的作用越来越被重视。很多人都恨不得通过找到领域相符、爱好一致的社群，一股脑把目标客户群全端了。但往往想象丰满，现实骨感，经常有人将广告、链接、投票往各种群里扔，想通过发挥群体的力量实现自己想要的结果，但结果是他前脚发完链接，后脚就被管理员踢出群了。他也不想想，大家会给一个陌生人投票吗？会为一个只在网上有一面之缘的人转发信息吗？

所以，要打"蚂蚁战术"，就请先通过足够的诚意和时间在群里为大家带来价值，在群里建立存在感，让大家对你产生信任。在社群这样一个小生态圈子里，先去好好树立自己的形象，大家认可了你这个人，自然也就愿意助你一臂之力了。

## ✸ 攻城略地：发动高手实现收益

在古代战争中，经常有这样的场景：在进攻某一座城池时，将帅拿着军令高喊："哪位将军能拿下此城，封万户，谁愿出战？"这时，往往会有一位威武的将军应声出阵，喊道："末将不才，愿率人前往，明日午时前破之！"

这种攻城略地——发动高手来实现收益的战术，对社群传播有重要作用。

2015年，秋叶老师参加《怪杰》节目时，就在社群里号召小伙伴出手为申音老师做自我介绍PPT，并提供了3张照片和一段文字说明供小伙伴们发挥。这是件很有趣的事情，同时也是高手之间的PK，所以社群内的PPT高手纷纷响应。

这就体现了社群的强大力量，你作为一个PPT高手，一天能完成几份作品？

结果是他一晚上就收到了100多份作品，100多个创意个个精彩，完美地展现了攻城略地状态下的群体学习成果。

这次尝试的结果让申音老师大吃一惊，而他本人也是擅长做社会化传播的。秋叶老师的演讲圆满结束后，最后入选的100多份创意作品经过整理在微博上形成了二次传播且效果显著，每个作者的名气和影响力也大大提升。此外，通过网友对这个合集的反馈，秋叶着手开发了专门针对自我介绍的在线PPT课程。真可谓一举四得。

后来，这种方法被称为"群殴PPT"，围绕这一主题还形成了一个专门社群，从2017年上线开始每周发布一页PPT，邀请所有乐于参与的人一起根据要求进行重新设计。

参与活动的小伙伴将作品上传后，会同步分享到新浪微博，由公众和编辑团队评选出其中的最佳作品，并提供不同的奖励，包括实物奖品。

群殴PPT的参与度很高，在一年多的时间里举办了76期活动，有超过10000人参与，收到15000多份投稿，微博话题阅读量达1.4亿，并产生了上百份PPT教程。

"群殴PPT"就是攻城略地战术在社群传播中的应用，通过发动高手来推动社群口碑和收益的变现。

随着社群传播方法的提高，群殴PPT也由1.0阶段发展到了2.0阶段。

要理解1.0玩法和2.0玩法的区别，我们可以先通过一个流传很广的小故事来理解。

故事是这样的：

A男用辛苦工作攒下来的3000元钱买了一部手机，送给B女，B女却断然拒绝，对他说："你是个好人，你会找到幸福的。"

C男同样辛苦攒下来3000元钱，他花300元钱订了特斯拉的专车，坐车接了B女去西餐厅吃了一顿1000元钱的饭。吃饭的时候，又送了B女一束花了200元钱的玫瑰，并吻了一下B女。吃完饭以后，他们坐着特斯拉去约会了，他花了500元钱给她买了礼物，就这样赢得了B女的芳心，最后还剩了1000元钱。

A男，送手机只是单维度和B女连接，而C男用不同方式和B女进行多维度连接，让B女有了多个参与点，增加了双方的强连接关系。

所以，社群营销中所说的所谓参与感，其实就是增加连接点，让用户多方位参与。群殴PPT1.0时代，大多数参与者只是参与活动，交作业，被点评，每期的活动流程相似，做了16期活动不过是15次重播而已。

到了群殴PPT2.0时代，无论是从选题来源、选题范围还是参与形式都有很大不同。

从选题来源上看，每期活动的选题都由大家参与设计和提交，最后由点赞数决定选题方向，通过送书来鼓励大家制作具体方案。

从选题范围上看，1.0时代的PPT大多是正文类的，到了2.0时代，封面类、结尾类、过渡页类等都可以归入选题范围。

从参与形式上看，2.0时代无论是个人还是团队都可以参加PPT竞赛，团队参加的话还可以进行内部评选，去除掉差的作品，上交最好的一份。

除了秋叶社群"群殴PPT"活动，能实现发动高手实现收益的社群活动还有"一页纸大赛"等活动形式，通过组织高手进行PPT创意和设计比拼，参与后获得奖品，使自己的影响力越来越大。

## 悬赏策略：最低成本获得超性价比回报

俗话说"重赏之下必有勇夫"，在社群中这一说法要变成"重赏之下必有参与"。"重赏"刺激的是社群成员参与的积极性，如果此时能设计出充满活力的活动，就能有效整合社群资源，发挥社群的最大能量，创造惊喜。

群主通过为成员提供发布任务得到回报的机会，完成了一个社群的基本维护。发布任务是大家喜闻乐见的活动，所以管理员也不用专门找话题、做活动来活跃气氛，这样也降低了社群的管理成本。

此外，如果这个任务能打通多个角色，释放的能量会更大。

## 第十一章 变现之路：从社群到社群经济

在社群中，无论是情感上还是金钱上的激励，用户好像都很难拒绝。一个活动只要设置好了激励机制，总会吸引一大波的用户参与，行为也就被带动起来了。

比如，"在行一点"App搭建起了一个知识快闪店，与用户一起玩耍，用5个小时解锁9个技能。

这次活动的宣传文案是这样的：

"现在，加入快闪族，队长为你特邀了9位超级族长，带你解锁9个人生新技能。参与过第1期知识快闪的族员都知道，这是一家只存在5天，却帮助6537人改变自己、持续进步的知识快闪店。我们浓缩了9位顶级行家，超过10000小时积累的独家技能。

9个领域是：绘画、阅读、演讲、手机摄影、逻辑训练、知识管理、销售思维、古典音乐、职业规划。10000小时定律太大，我们邀请你每天拿出20分钟，跟着快闪族，用100个小时，掌握9个独立的人生小技能，踏上一个又一个进步和成长的小起点。快闪结束时，你可以自由组合这些人生技能，给自己拼出充满趣味、持续进步的全新生活。"

除了这样充满激情的文案之外，这次活动还设置了奖励策略。认真学习并完成任务的学员，可以每天领到红包，在5天之中，红包数额逐日递增，还可以免费学习一门价值百元的课程。

不管是明码标价的奖金，还是即时的红包，用户好像都会被这种奖励深深吸引了。当然，奖励的程度不同，对于不同用户的激励效果也不一样，就像一百元钱的奖励不一定能够吸引所有人。但是奖励的追加，不管是数额在直接增长，还是注入其他附加值（比如"在行一点"的免费课程），总会达到某些用户的临界点，然后让他们开始关注并参与这个活动，希望得到奖励。

重赏之下必有参与，悬赏策略在调动社群成员积极性、增加社群活跃度、维持社群稳定以及开拓社群空间方面具有重要的意义。但组织这种类型的社群活动并非易事，除了要考虑一个社群组织线下活动的那些方法，还要考虑更多的细节，尤其是组织涉及跨社群的活动。

综合来说，组织一场成功的跨社群活动，需要注意以下几方面：

1. 注意主次，将活动的主要目标和次要目标设计好。

2. 设计好各个环节参与者的利益链条。设计活动时，一定要明确活动的利益怎么分配、怎么调动参与方的积极性、怎样奖励工作人员等，涉及利益处置的各种问题一定要明确规划。

3. 安排好活动的节奏。活动要节奏紧凑连贯，一气呵成。

## 干货满满：通过高价值载体吸引购买

一个社群要实现价值、取得收益，需要具有价值的载体来吸引购买。通俗地说，就是社群一定要有自己的产品，这里的产品包括产品、课程、服务等，比如小米卖的是手机、秋叶PPT卖的是课程、罗辑思维卖的是会员服务等。

在社群里推广产品，又叫"种草"，是通过在社群里分享有价值的内容，引起关注进而刺激购买。比如，通过干货分享推广自己的产品，比如很多学习型社群都会在群里介绍知识点，吸引有兴趣的成员购买课程进行系统学习。

其实，在社群中做产品营销，最大的考验就是产品的口碑没有想象中的好，只要社群中有一部分人对产品不认同，每次收费都会造成社群的信任度和口碑的透支。时间长了，有些人就会质疑社群的价值，从而退群离开。因此，为了维护社群的向心力，社群运营者一定要拼命做好自己的产品，保证干货满满，具有超高价值和口碑，让群成员觉得买得超值，不加入社群就买不到这样的好产品。

当然，如果一个社群能持续提供优质的社群服务，让大家能接受社群产品变现，就能让运营团队持续提供更好的服务。

所以，当你有干货或者产品时，就可以主动加入大量优质社群，找机会在社群内分享。通过分享可以让更多的人熟悉和了解你，此时你就可以巧妙地导入自己的产品和服务，引导购买。

要特别注意的是，引入干货或产品必须在话题诱发出大家兴趣的情况下，借助群体兴奋度完成引导购买的行为，否则就会让大家觉得你只是个推送广告的。

在当今的"她"时代，女性也越来越重视个人成长和个人提升，并成为学习型社群中一道美丽的风景线。这些女性多以城市独立女性为主，她们一般经济基础较好，有能力投入到自我提升上，同时对社群的内容输出质量要求也比较高。

女性社群的学习内容不仅仅是知识的获取，而是包含了各种各样的生活方式培养，社群成员们互相影响以提高品位，追求个人价值的实现。

时尚类公众号私席Seaty就传输这样的价值观。在很多人认为内容创业已是一片红海的现在，私席Seaty通过"有独立价值观"的文章保持了用户黏性，公众号的阅读量和打开率都很高。

创始人王蓓说，私席Seaty想要传递的是"健康、独立、自爱"，倡导女性用健康的方法变美。私席目前有几十个微信群，每个群500人，群内每天以好物分享、美容知识、健身打卡为主要话题。王蓓经常出现在群里，与用户交流互动。群管理员会保证社群每天以文章、视频等方式持续输出话题，干货满满，并将这些干货进行总结、合并、分享。

正是因为价值观输出+个性化标签+社群互动这种组合，私席社群兼具了时尚工具书与意见领袖的双重角色，并很好地实现了内容商业化。除了自营的化妆品品牌销量不错之外，社群中每个月都会发起几次团购，均大获成功。

在传统的销售模式中，我们和客户的关系是点到点的接触关系，需要花费更多的成本去寻找一个个目标客户。到了社群时代，我们和客户的关系变成了点到面的关系，只要找到一个符合我们产品定位的用户，然后顺势从他身上入手，找到他背后那个和他具有相同特征的社群，就相当于找到一个目标客户群。这时，基于社群需求的情景营销机会就会增加。

特别值得注意的是，想要利用社群进行产品导购，不一定非要建立自己的社群。可以寻找到符合自己产品定位的优质社群，熟悉这个社群的结构、偏好，了解社群成员的购买需求和行为模式。只要肯下功夫，在别人的社群照样能成功实现产品的推广和营销。

身边有个卖T恤衫和纪念品的朋友，刚开始的时候每个月销量都很少，生存都有问题，更别提花钱做推广了。后来，他突发奇想，通过一些网络论坛和线上活动，加入了一个明星的粉丝群。尽管不追星，但他在社群的活跃度却很高，像粉丝一样谈论明星的最新综艺节目，或者就明星的某条新闻发表评论……因为他说话很幽默，在每个群都刷了足够的存在感。

此后，他将自己的T恤衫和纪念品都做成与该明星相关的定制品，还经常跟风出明星同款服饰。这些产品的定位符合粉丝群体的购买需求，销量非常可观。

总之，如果没有足够的能量构建自己的社群，那么就找到目标客户社群，然后伺机打入这些社群，刷出自己的存在感，接下来就能顺势完成自己的产品营销。

那么，如何寻找目标客户群呢？

第一种办法就是从网络上直接搜索。可以利用QQ搜索功能、直接百度"××QQ群""××交流群"等，或者浏览相关明星或核心人物的微博和论坛，从中寻找积极分子，然后顺藤摸瓜找到相关社群。

第二种方法是多参加线下相关的活动。在聚会中结识的小伙伴会提议建群，或者把你拉入已有的群，或者推荐你加入门槛高的群。

无论用什么方法，只要能加入一定的社群，在群里成为活跃的积极分子，给社群带来价值，建立足够的存在感，获得其他伙伴的认可，你就能导入自己的产品，吸引别人购买。

## 跨界营销：强强联合扩大能量

如果一个社群运营得足够好，通过不断组织线上线下活动，就会树立起自己的品牌。有品牌就意味着社群有更大的能量。此时，社群就可以跟其他有能量的圈子合作，通过互补做一些更有挑战的事情——资源整合。这就是我们常说的跨界营销，通过强强联合扩大能量，实现更好的资源配置结果。

传统企业具有资金实力雄厚和资源丰富、产品成熟的优势。社群具有强大的影响力和口碑、灵活好用的营销渠道。两者强强联合，实现优势互补，便于最大限度地发挥双方的能量。

传统企业要连接社群资源，应该先做到以下几点：第一，要完成对社群的分享传播；第二，将社群的分享变成结构化输出；第三，和社群一起做推广和放大。

比如，很多出版社会选择和学习型社群合作，主动给社群内的小伙伴免费送书，邀请作者在社群内做分享，然后通过社群的微博、微信公众号进行推广，同时也在出版社自己的微博、微信公众号甚至网络书店里分享。

这样一来，出版社就精准覆盖了社群中爱学习、爱阅读、爱写作的小伙伴，认同作者分享的小伙伴，就会直接去买书。完成阅读后，再通过写书评的方式进行二次分享和传播，这就形成了社群模式下的结构化输出。就这样，通过社群的微博、微信公众号等的能量，传播的效果就会不断被放大。

通过这种方式的合作，出版社、作者、读者和社群就会实现四方共赢。

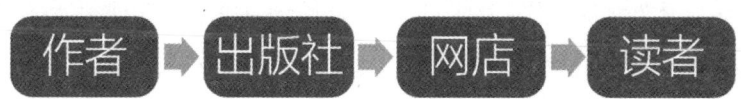

图 11-1　传统出版流程下作者和读者关系

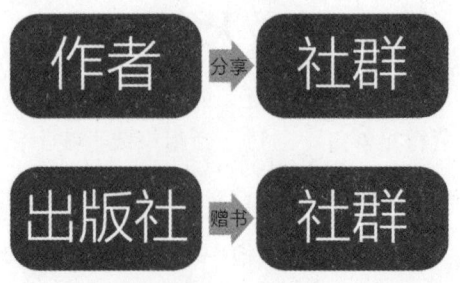

图 11-2　出版社互联网+社群模式下作者和读者的关系

更重要的是,通过社群连接起出版社、作者、读者和社群的四方面资源时,社群和出版社都仿佛具有更大的能量,比如可以和电子书、百度阅读、网易云阅读、掌阅读书等媒体资源合作,电子书资源出版以后能获得优先传播权。

2016年11月,吴晓波读书会和亚朵酒店共同创建的"亚朵·吴"社群酒店在杭州揭幕,这是社群经济和实体经济的一次跨界合作。

吴晓波读书会代表了典型的社群经济传播资源,拥有200多万粉丝,在全国有80多个书友会。亚朵酒店代表的是中端酒店市场,给客户提供个性化的住宿体验,也有大量忠实客户。两者的合作可谓强强联合,酒店将自身品牌形成的影响力和成熟社群的传播影响力相结合,形成了更具影响力的新产品——"社群+酒店"。实践证明,这次合作取得了巨大成功。

在运营模式上,双方品牌经过联合后,客户在进入酒店时可以体验社群文化,比如酒店大堂的书架上摆着蓝狮子的书,客房中摆着吴晓波频道"美好的店"精选的茶等。亚朵创始人耶律胤说:"这个场景是典型的O2O的1.0时代产物,而亚朵推出跨界合作的目的不止于此,不仅是线上社群实体化的落地,更是实体行业向线上的转化。亚朵一直通过各个产品渗透到客群的多个空间,希望带领用户感知一种生活方式,彻底打破线上线下的传统束缚,实现体验式消费情景。"

这种"社群+酒店"的尝试被越来越多的人所接受,印证了社群商业化的另一个重要方式——跨界合作。这种合作是社群经济时代的大势所趋，一方面通过品牌的联合能创造出巨大能量，另一方面双方合作也为彼此找到了商业转型的另一种可能。

不过，跨界营销一定要注意选择和自己契合的品牌。吴晓波和亚朵，一个是重视"将生命浪费在美好的事物上"的社群领袖，一个是专注提供所有美好事物的人文酒店，二者的精神契合，决定了双方合作的光明前景。

总之，在移动互联网时代，传统企业和网络社群的跨界营销，是实现商业社群模式的重要方式，强强联合能让双方形成优势互补，扩大的能量优势也能让双方都从中获得丰厚利益。

第十二章

外延思考：成功社群样本解密

## 罗辑思维：让用户成为商业节点，养成付费模式

罗辑思维，在成立之初只是罗振宇创建的一个微信公众号，以互联网自媒体视频产品的形式出现在大众视野中。

主讲人罗振宇高喊"有种、有料、有趣"的口号，在每天早上六点半推出60秒的音频，并每周更新一次视频节目。他倡导独立、理性的思考，主张互联网思维，在8个月内收获了50万听众，《罗辑思维》的视频播放量达到了3000万次。

罗振宇身边聚集起一大群小伙伴后，开始创建罗辑思维社群，致力于打造一个有灵魂的知识社群。罗辑思维社群形成一定规模后，很快开始向商业社群的转型。

从过程上看，罗辑思维的商业化转型经历了以下几个阶段：

第一阶段，靠优质内容聚集人气，打造"罗胖"充满人格魅力的个人品牌。

《罗辑思维》的节目紧贴时代背景，做了很多质量优、趣味浓的内容，让观众眼前一亮。

罗振宇当时对自己要求非常严格，每次录制节目都要准备很久，在录制现场

更是要求严苛,有时候节目都已经录制近一半了,一个小的磕巴都能让他重录一遍。他对内容品质的追求成就了节目,也打造出了极具自己个人魅力的人格个体。靠着这样的口碑,罗辑思维迅速吸引了一大批粉丝的关注。

第二阶段,实行会员制,用真金白银来供养社群。

当罗辑思维的微信公众号平台累计粉丝数突破110万时,罗振宇团队开始考虑社群的转型。他们首先做的就是推出"付费会员制",用真金白银来供养社群。罗振宇认为:"爱,就供养。不爱,就观望。"

2013年8月,罗辑思维进行了第一次会员的招募尝试,推出的付费标准堪称"史上最无理的":招募5000个普通会员,每人收费200元;500个铁杆会员,每人收费1200元。结果这5500个会员名额只用半天时间就售罄,收入160万元。

2013年12月,罗辑思维组织了第二次会员招募,只用一天就招来了20000多名会员、4000个铁杆会员,收入800多万。值得注意的是,和第一批会员招募时用淘宝拍链接不同,第二次会员支付只通过微信支付。在罗辑思维团队看来,微信支付是当时新兴的支付渠道,能选择微信支付,就能证明对他们不仅有爱,还有付诸行动的意愿。

2014年12月,罗辑思维又进行了第三次会员招募。此后,罗辑思维的会员规模达到了10万左右。

此后,罗辑思维就展开了以用户为商业节点的营销模式,不论是搞"团要",还是卖书、打造品牌产品和服务,逐步构建出了新的盈利模式。

和粉丝经济模式不同,罗辑思维社群不把会员当粉丝,不搞粉丝经济。它做得更多的是找到一群志同道合的成员,用先进的商业模式组织大家一起获得收益。用罗振宇的话说,就是:"一群人团结起来占他人的便宜,这就是社群运营的逻辑。"

比如,有一次和乐视的合作中,乐视赠送了10台大电视和20台电视盒子,就被放到社群中进行抽奖活动。

此外，罗辑思维还组织会员参与生产各种东西，卖给非会员。比如做"罗辑思维月饼"。先通过众筹获得500万启动资金，然后分工合作，能力高的人可以做项目负责人、财务总监、监督员等，有热情但能力稍低的人可以去养鸭子收集鸭蛋黄，或者在全国各地找莲蓉，或者可以找月饼厂做加工。还可以请会员中的心灵手巧的美女在家烤制月饼，做成手工款。

并且，罗辑思维的月饼接受品牌合作，凭借罗辑思维的口碑和影响力，定制企业定制款送给客户。如果这个生意能够成功，就给所有参与生产的会员发高薪，剩下盈利的20%捐给公益机构，80%用作股东分红。按照这个思路，还可以带着会员做罗辑思维元宵、粽子等产品，所得收益一边做公益，一边利益均沾，结果会皆大欢喜。

第三阶段，创建"得到"App，走上知识付费之路。

2016年1月，属于罗辑思维的App——"得到"正式上线，罗辑思维从此走上了知识付费的商业模式。起初，App只是售卖图书、音频及各种干货的平台，但后来联合大咖推出了一系列知识栏目，比如《李翔商业内参》《通往财富自由之路》《王烁大学问》等。这些专栏带动了"得到"的营业额。

不到两年的时间，得到App用户总数就达到529万，日活跃用户42万，订阅份数130万，总人数超过79万，营收预计过了2亿元。

第四阶段，用独立域名，打造独立电商平台。

2016年，罗辑思维旗下的独立电商平台上线了，名字叫"生活作风"。这是罗胖在"得到"App之后的又一次战略转型，表明了罗辑思维由知识社群向知识服务供应商的战略转型。

## ✷ 黑马社群：让用户合作与互助，保持旺盛生命力

2017年8月10日，牛文文的创业黑马在深交所上市，这个消息刷爆了社群经济的朋友圈。吴晓波还为此撰写了一篇长文《文文上市》，颇有感情地描述了黑马社群的发展历程。

黑马社群，是从传统纸媒《创业家》杂志衍生出来的一个创业社群。2012年8月，创始人牛文文围绕杂志上的"黑马"栏目创建了"创始人俱乐部"，之后又改名为"黑马成长营"，第一期就邀请了王石、史玉柱、何伯权、王文京等商界大佬亲自授课。黑马社群由此起步。

后来，牛文文彻底放弃纸媒，转变为互联网创业者，很快就打造了一个线上创业服务平台——i黑马网，成为后来构建黑马社群的线上平台。

在创业服务中，牛文文接触到很多创业者，比如黑马比赛，每年会举行四五十场比赛，报名人数有一两万，但能走到决赛的很少。黑马成长营每年也只能为2000~3000位创业者提供辅导。为了解决更多创业者的需求，黑马社群通过分行业、分地域将大家连接起来，为创业者提供相互学习、相互帮助、倾听交流的平台，让创业者不再孤单。

黑马社群的本质，就是以创业者的需求为核心，打造了中国式创业的集训、融资路演和营销推广、咨询等服务为一体的创业服务体系，堪称草根创业者的孵化加速器。在过去的几年里，黑马社群的创业家教育课程是中国同行业中最具体系、效果最好的，数百家创业公司还通过黑马营顺利进行了融资。

牛文文有一次接受采访时，对媒体说："我经常碰到这样的创业者，看上去一直都很坚强，但会突然在某一刻脆弱起来，他会问'我行吗？你们觉得我行吗？'"面对这种情况，牛文文的做法就是对那些缺乏勇气和信心的创业者给予精

神支持，他说："每一个创业者，不管看起来多么光鲜亮丽，当他转身的时候，要面对太多的不确定，创业者很焦虑，他非常需要你跟他说一声'你行！'"

触动科技的CEO陈昊芝就是其中一位。他先后经历了两次失败的创业，对新的项目缺乏信心。所以2010年，他一见到牛文文就问："牛哥，你觉得我行吗？"

牛文文拍拍他的肩膀肯定地说："你当然行！"

想起这件事，牛文文说："其实，我也不确定他到底行不行。"

但这一个"行"字给了陈昊芝继续奋斗的勇气，他参加了牛文文创办的"黑马营"。牛文文还给他找来了周鸿祎当导师。周鸿祎告诉他：做移动互联必须靠免费抓海量用户，然后捕捉盈利点。

在培训后，得到真传的陈昊芝很快就成立了触控科技公司，开发出名叫"捕鱼达人"的游戏，大获成功。此后，陈昊芝趁热打铁，推出了手机游戏分发平台。2015年，触控科技的韩国子公司Gurum Company（古吉姆公司）在韩国KONEX（科涅克斯）正式上市，成为首家登陆韩国市场的中国概念股。

黑马社群的具体运营模式，就是让用户之间深度合作，甚至引导用户之间产生更深层次的交易关系。黑马社群的用户都是创业者，用牛文文的话说就是创业的"土鳖"们。与别的社群相比，黑马社群中的用户都有着相似的经历和信念，他们一般都是自发组织和参与社群的活动，具有很强的主人翁精神。

在这种主人翁精神的引导下，黑马社群建立起了以"牛投（黑马社群内部用户深度合作的股权众筹）+新三板='互联网+'创业"的全新模式为创业者们服务。通过牛投的股权众筹，黑马社群的创业者之间进行相互投资和帮助，最终让优秀的创业者可以在新三板上市。

这样的模式下，社群会涌现出许多由用户自发组织的合作圈子，它们就像是社群里的子社群，通过细化连接不断强化社群中的关系，使社群保持旺盛的生命力。

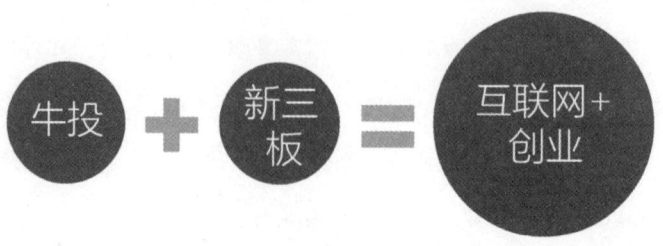

图 12-1　黑马社群服务模式

在会员选择方面，黑马社群采用收费制和遴选制度，其中的用户分为三个级别。第一层级是基础会员。《创业家》在职的读者以及i黑马网、黑马会自媒体的普通注册用户等，他们是所有对创业感兴趣的普通用户。第二层级是认同黑马会理念的付费会员。他们首先必须是创业企业的创始人或者联合创始人，同时需要交纳会员费，他们是社群的核心用户。第三层级是黑马会的优质用户。通过报名和多层遴选，优质的创业者会被吸纳到黑马社群的创办的"黑马创业营"，通过投资人的评估后，让这些优质创业者尽量在一年内完成融资。同时，黑马社群也通过多重服务机制，最终通过深度服务获得收益。

表 12-1　黑马社群的服务与收费机制说明

| 服务类型 | 具体产品/服务 | 服务对象 | 收费方式 |
| --- | --- | --- | --- |
| 创业资讯服务 | i黑马网<br>"i黑马"新浪微博<br>"i黑马"微信公众号<br>"创业家传媒"新浪微博<br>"创业家"微信公众号等 | 创业者<br>投资人<br>创业服务从业人员 | 免费 |
| 线下活动服务 | 黑马大赛<br>黑马运动会<br>创业社群大会<br>定制活动 | 创业者<br>投资人<br>知名资源区<br>政府园区 | 会员费 |

续表

| 会员服务 | 长期辅导培训项目<br>短期服务培训项目<br>国际游学项目 | 创业者 | 课程费 |
|---|---|---|---|
| 公共服务 | 品牌公关<br>产品推广<br>创意营销 | 创业公司<br>知名企业<br>政府园区 | 公共服务费 |

2016年，黑马社群为黑马会员量身打造了学习App"学吧"，以"约在线上、自由学习"为核心目的，为创业者学习提供场景移动化产品。"学吧"也成功地成为通过《创业家》杂志、黑马运动会、黑马创业营、黑马网站、黑马微信公众号等多个平台沉淀用户的最终工具。

在社群经济时代，黑马社群抓住了创业者的需求，让他们在社群里合作、互助，最终推动那些有想法的"互联网+"创业项目的落地，社群也在提供各种服务中获得了收益，保持了旺盛的生命力。

## 大V店：让用户赚钱，从共享中互利

大V店是MAMA+旗下的妈妈社群电商平台，是由一个叫"经典绘本"的公众号进化而来的。"经典绘本"是亲子阅读推广人哈爸创建的亲子阅读平台，人们可以在上面分享自己的亲子阅读故事，也推荐绘本，从而迅速吸引了大批妈妈的关注。哈爸在公众号推销绘本，创造了日销量高达3.3万的奇迹。此后，很多妈妈提出要参与分销，哈爸就招来投资，成立了"大V店"。

大V店的定位是宝妈，目标是让妈妈们利用业余时间轻松开店，随时学习，结识更多的优秀妈妈。在运营中，大V店采用的是分销付佣金的模式，妈妈们不用进货和发货就能开展分销，卖出商品就可以获得佣金。简单地说，大V店的模式就是让用户赚钱,从共享中互利。

2017年公布的数据显示,大V店注册用户有500万,付费会员超过100万,2016年全年营业流水超过10亿元,新会员次月复购率在50%以上,6个月后复购率有30%,到2017年6月,大V店单月销售额都能超过1亿元。

正如大V店CEO吴方华在"进化·2016中国母婴新渠道峰会"上的主题演讲中所说:"我们要做有温度、有情感的妈妈服务平台。"大V店发现了妈妈们的群体需求,并致力于满足她们的需求,为她们提供服务。这种服务精神使得大V店和妈妈们之间形成了牢固的情感连接,这种情感连接反过来又作用于大V店本身,在帮助妈妈们成长的同时,也保证了自身的健康、高速发展。

ZY女士生活在成都,是一家成人高考学校的老师,也是一个两岁孩子的妈妈。同时,在大V店中,她是排名前十的"凤凰妈妈",一个人就为大V店就带来了超过1000人的注册会员。

她与大V店的结缘,是2015年从看到朋友圈中有人分享了一篇来自大V店的绘本文章开始。因为她此前从电商网站上给孩子买过一些绘本,到手后发觉有的合适,有的并不合适。看了大V店的介绍,她发现了大V店和普通电商平台的不同。电商平台的商品详情页中只有简介,不利于妈妈们挑选,而大V店中出售的绘本有专家分享的文章、妈妈们的讨论,这些都会起到帮助大家筛选产品的作用。另外,朋友还告诉她,推荐购买还能获得佣金。就这样,ZY毫不犹豫地注册成为大V店的付费会员。

大V店的佣金主要分为两部分:一是推荐好友注册会员,就会一次性获得一笔奖励;二是会员下单购买商品,会直接按活动规定的比例返还佣金,相当于会员折扣。

一开始,ZY只是偶尔在朋友圈分享一下商品或者文章,渐渐地,身边的一些妈妈朋友受她的影响也加入进来。

2016年,大V店推出会员等级激励制度,按照规定,凡是邀请超过50位好友加入,就可以晋升为"凤凰妈妈"。ZY看到已经有将近30位好友通过自己的分享成了注册会员,就有了尝试一下的想法,于是她开始以频繁更新朋友圈、更新公众号文章等方式来邀请更多好友注册,很快就突破了50位这条界线,成了"凤凰妈妈"。

现在,ZY通过大V店和越来越多的妈妈建立了连接,她组建了很多群,按照主题分为育儿、读书、学英语等,每天将合适的商品和信息推荐到不同群里,并和兴趣相同的妈妈们进行交流,她已经把这件事当成了长期的事业。同时,她也经常参加专职妈妈发起的社区线下活动,每天在固定的时间为小区里的小朋友讲故事。

当同一件商品在不同的电商平台价格相近的时候,用户肯定要借助其他考量点来决定选择哪家的商品。而当商品简介不能有效地帮助人们做出选择和决策的时候,发生在用户之间的推荐和讨论,能有效降低选择成本。大V店的特点就在于,大家因"相似的需求"而相互吸引组成共同的社群,但这种天然的吸引力也有一定的局限性,无法支撑平台的快速增长。在这种前提下,大V店设计了一套用户进阶机制,按照荣誉驱动和利益驱动将妈妈们分为不同的等级。具体来说,大V店根据会员邀请好友注册数量的多少,将会员分为蜜蜂妈妈、蝴蝶妈妈、孔雀妈妈和凤凰妈妈。

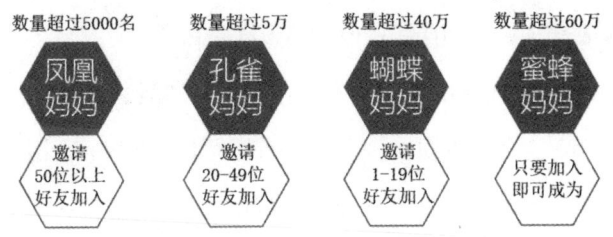

图 12-2　大V店会员等级结构图

从这张图上可以看出,大V店的成功可以说就是位于金字塔顶端的凤凰妈妈们的成功。凤凰妈妈就是大V店社群的关键连接者。

人往高处走，在完善的社群激励制度下，更多的妈妈都会追求向上升级。当蜜蜂妈妈不断被提升为更高级别的蝴蝶妈妈、孔雀妈妈、凤凰妈妈后，她们也会变成关键连接者，不断为社群贡献新的注册用户。目前，每天至少有超过10万位妈妈将大V店分享给身边的朋友。

大V店给我们的启示就是，在构建社群的时候，一定要先找到目标客户的关键连接者。找到关键连接者后，我们就可以采用和"大V店"相似的会员体系，采用社群会员运营模式，从而实现销售的进一步提升。

## 十点读书会：线上线下风生水起

十点读书是2012年创建的学习型社群，2015年入选新媒体排行榜"中国微信500强"总榜第九名，文化类榜单排名第一。十点读书会是"十点读书"新媒体矩阵中的一个子品牌，创立于2015年4月23日世界读书日。

十点读书会通过把一群爱读书的人汇集到一起，关注大家的阅读活动，提升大家的阅读力，通过潜移默化的影响，促进社群成员的进步。在这里，社群成员进行每日线上阅读打卡、每周进行阅读话题讨论、每月举办线下活动等，让每个和读书有关的环节紧密相连，把相同频率的读书人联系在一起。

目前，十点读书会建成了几个矩阵，包括新媒体运营（公众号、微博、十点直播、十点电台等）、作家见面会、十点训练营、十点课程、全国分会。

能量强大的自媒体资源：微信公众号上线6个月粉丝量就达到了30万，新浪微博粉丝超过80万，多个千万级话题成为微博热门话题，还有强大的千万粉丝级自媒体资源"十点读书"音频作后盾。

具有专业水准的十点直播间：十点读书会经过严格筛选，在全国范围内招募了20多名专业水准的专属主播，参与线上直播间的各种访谈节目，为十点读书线上节目录制音频，也为各地线下读书会做主持。十点读书会还招募有才华的会员建立十点文字营，专门撰写十点读书会的相关文案和内容。

作家见面会：和国内外多个作家保持密切合作，举办多个知名作家的见面会。

十点训练营：连接大咖资源，和他们一起合作训练营，都有不错的活动效果和曝光率。

十点读书：包括线下读书会、线上读书会、兴趣小组活动等，贯通线上线下，打通社群能量。

全国分会：这是十点读书会社群的线下组织，目前已经在30多座城市开设分会，约有3000多位正式成员。其中，已经有20多座城市举办过至少两场线下读书会，会员们积极踊跃地组织了超过100场各种各样的线下读书会。

线上分享会：很多城市已经开展了六一"致童年节"、父亲节主题分享、班委跨城市分享、达人课堂等多场线上主题分享会，并开展了多本图书的线上共读活动。

兴趣小组活动：在社群的引导下，会员们还根据细分兴趣，构建了各种兴趣小组，比如共读一本书、跑步团、羽毛球团、原创文字营、主播团等。十点读书会聚集了众多不仅爱读书更爱学习的伙伴，其中不乏各行业的专业技术人才。

就这样，十点读书会凭借完善的组织结构，无论开展线上活动，还是组织线下活动，都有专门的人才去经营和管理，形成线上线下的良性互动。这也是十点读书会做得风生水起的关键。

2016年，十点读书会发起了"10天陪你听本书"的线上图书馆活动，这个活动发起后经过微信公众号和微博的发布，引起了广泛关注。线上图书馆建立以后，获得了广大读者的一致好评。

每个月，读书会都会精心挑选书单，并邀请专业主播（比如，国内顶级谈话节目主持人李蕾、中央人民广播电台主持人鹿小姐、国际演讲协会最高级别冠军王寺昆等）做领读人，把每一本好书精炼成10篇领读内容，每天上线1篇声音节目。

除了组织线上图书馆活动，十点读书会还在全国30多座城市设立线下读书会。截至2017年12月，十点读书会已经在北京、厦门、西安、广州、武汉、成都、泉州、天津、昆明、南京、杭州、上海、长沙、郑州、深圳、青岛、福州、济南、苏州、太原、沈阳等城市成立了十点读书会分会。

这些读书会会定期举办读书分享活动，2016年深圳读书会就每月至少举行一次线下活动。每期读书会的主题由班委确定，通过线上平台告知参与活动的小伙伴，让他们围绕相关主题展开阅读，比如：

一月：隆冬季节，我用诗歌取暖

二月：东西南北中，年味儿各不同

三月：相聚马峦，坪山采风

四月：你的迷茫，我来解读——深圳十点读书会四月线下活动

五月：规划人生，从理财开始

六月：重新发现之旅，从弘法寺到小伙伴们

…………

十一月：思维导图拯救你凌乱的工作与生活

十二月：美酒苹果，才子佳人，还有写作的私货

无论是线上活动，还是线下活动，十点读书会的成员都会踊跃参加，让每场活动都实现价值最大化。

目前，十点读书也开始涉足在线教育行业，借助自己的导流能力，整合优质社群，特别是能够产生优质课程的社群，一起运营在线课程，通过这种教育型社群来扩展十点读书会的后续规模。

## 新生大学：价格双轨，把一本书做成社群

新生大学社群，是前新东方名师李笑来老师创建的一个学习社群。这个社群起源于李老师的一本"书"，名叫《七年就是一辈子》，后来这本书改名为《新生——七年就是一辈子》。李笑来老师可能是第一个把"一本书"做成社群的人。

《新生——七年就是一辈子》是李笑来老师在《把时间当作朋友》出版7年后写成的"书"。此"书"不是一般传统意义上的书，它的独特性表现为：它是写不完的"书"；它有两个价格；它是一个"共创书籍"。

2015年11月，这本书的预售活动展开，仅一个月认购人数就超过1700人。2016年3月，微信公众号"新生大学"开通，一个月内订阅人数达到6万。2016年4月，新生大学App上线，在内测阶段，付费用户已经超过2700名。

李笑来老师喜欢分享，他在《把时间当作朋友》出版后，把全部内容同步到网上，供读者免费阅读，同时也优先更新网络版。这样，这本书就形成了两套价格体系：一个是印刷版，由出版社定价；一个是网络版，免费。

《新生——七年就是一辈子》这本书采取的也是"价格双轨"的策略：一方面此书的网络版永久免费公开，付费并非必须；另一方面读者可以选择支付年费2777元（续费为2555元/年），就这可以成为新生大学App的会员，加入新生大学社群。

大学新生社群就是根据《七年就是一辈子》的主旨——"持续更新自己的操作系统"创建而成，让社群成员用众创方式参与一本写不完的书，一起建立社群。

关于为什么要用这本"书"建立社群，李笑来老师在一篇名为《100天过去了，你有什么进步吗？》的文章中说得很清楚：

《七年就是一辈子》这本所谓的"书"，与大家之前在书店里看到的传统的

书有很多不一样的地方……读者看到的,就是一系列文章的集合。为什么?因为真实的世界就是这样的,有点混乱、有点纠结、有点模糊,需要不断地探索……所以,对我来说,这是一本写不完的书。为什么?因为我们信奉的是活到老折腾到老……社群成员要做的事情是什么?在未来的日子里,要写一本属于自己的书,名字叫《我的七年》,或者《某某某的七年》……最终,那里记录着你自己的变化。

太阳下没有什么新鲜事儿。在李笑来老师看来,新生大学社群不是"大家一起读一本书"那么简单,但也并非全新事物,在结构上可以算作微创新。在新生大学社群里,很多元素都是在线教育中的一般概念,但它把原有概念用一种新的方式连接到一起了,比如众创图书、精选课程、讲座分享、线下活动、刻意练习等。

目前,新生大学App可以实现的功能和使用场景主要有:1.精选课程;2.不定期讲座;3.对成员开放申请权限,允许成员之间组建"互助小组",主题根据自己需要定;4.有规则的线下活动。

在运营方面,新生大学要求每个成员都必须进行实名登记和验证,否则无法发布文章、无法参与讨论、无法发起私聊。实名制也增强了成员之间的信任感,保证了相互之间的连接的较高亲密性和黏性。

从内容输出上看,因为会员交的年费高达2000多元,所以App里的朋友圈内容都会经过筛选,相对价值会更高。由于写作是李笑来老师倡导的交友和自我升级的一种方式,社群成员可以在大学新生App里发表文章,这也是一种输出。好的文章还会被转载和放到首页发布,这样会提高社群成员的关注度和影响力。

## ✵ 秋叶PPT:群殴PPT,销量高歌猛进

秋叶PPT是一个专注PPT在线教育的学习社群,主要群成员包括大学生和职场

新人。秋叶团队于2013年"双十一"期间在网易云课堂推出标价99元的《和秋叶一起学PPT》课程，经过短短39天时间，总销量突破1000，总销售额超过10万。

无论是传统行业，还是互联网行业，产品的营销需求越来越高，作为一种常用的内容展示工具，PPT（Power point）已经变得非常重要。但大部分人对其了解和掌握程度远远不够，真正能做到逻辑清晰、展示美观的人则少之又少。尤其对身处职场的人来说，虽然接触到不少优秀的PPT，可要自己设计并做出美观的PPT还是有难度的，需要一份有效的技能学习指导，而《和秋叶一起学PPT》充分满足了人们的学习需求，因此一上市就引起强烈反响，保证了销量和收益。

随着秋叶大叔推出的PPT课程越来越多，如《和秋叶一起学PPT》《工作型PPT应该这样做》《和阿文一起学信息图表》等，秋叶PPT的学员已经超过了15万。

这个社群主要分为两部分。一个是PPT高手组成的核心群，主要由"90后"成员构成，他们各自有其擅长的领域，能在一起碰撞出很多精彩的创意和想法。他们参与社群日常推广，协作开发在线课程、做有影响力的新媒体……另一个就是爱好群，其中包含很多购买在线课程的学员，还有很多喜欢新媒体、喜欢分享的年轻人。在核心群里，秋叶老师和小伙伴不断推出新课程、新活动，比如"一页纸大赛""群殴PPT""读书笔记PPT"等，随着大家不断参与活动、总结和分享，会有越来越多爱学习的年轻人加入。

在秋叶PPT的运营中，"群殴PPT""一页纸大赛"等活动的举办提高了群成员的参与感和社群影响力，吸引了更多爱好学习、爱好分享的小伙伴加入。目前，这几个活动项目都取得了良好效果，已经顺利和美的集团、万达集团取得合作。

纵观秋叶PPT社群的发展历程，主要有以下几点值得学习。

第一，深挖同好。秋叶PPT社群成员最初都是PPT的爱好者，在秋叶的引导、发现和培养下，进一步深挖一批爱好阅读、爱好思考、爱好学习、爱好分享的核心社群成员。因为单一同好时间久了难免变得小众，从而限制社群的规模和影响力发展,深挖同好,找到新的兴趣点,有助于扩大社群受众面。

第二,完善社群结构。想要加入秋叶PPT社群,买课程就是门票,而想要升级到核心群,就要努力学习多展示优秀的作品。秋叶社群还在不同用途的群组内设置不同的管理结构:学员群的模式是金字塔结构,平时禁言;核心群则是环形结构,活跃度极高。

以秋叶的"一页纸"社群为例,秋叶大叔对将这个社群的结构形容为《红楼梦》中的贾府。

1. 社群中有一个贾母一样的大家长,灵魂人物。他就是秋叶大叔。社群中的人都对秋叶充满认同,只要有秋叶在,社群就会有归属感。

2. 小巴,就像凤姐,掌管着这个大家庭的运营大权,让大家心怀忌惮又无不喜欢。

3. 群里的众多大神,曹将、阿文、嘉文、秦阳、小荻等老师,就像大家所熟知的宝玉、黛玉、贾家众姐妹,深受众人仰慕,他们的存在成为这个社群吸引人的理由。

4. 社群新吸纳的有才华的小伙伴,就像拜见贾母后融入贾府生活的史湘云,不断带来新想法和创意。

5. 社群运营就像贾府的生活日常,每天发生的事情成百上千,群里随便一个话题,都会引起响应。当然,社群中还有一些活跃的人牵出一些欢乐故事,如成员蔬菜、膝盖等,他们的接力出现,让社群随时保持较高活跃度。

6. 偶尔冒泡的潜水党,是构成社群的群众基础,就像贾府中那些没有名字的人,共同营造了贾府的繁荣。

7. 发红包、发照片以及各种娱乐活动都是表象,人员结构和向心力才是社群保持平稳的关键。

第三，在输出方面，社群的核心成员主要负责不断开发和升级优质课程，周五定期在社群内进行干货分享，微信上发布免费的3分钟教程，经常送书鼓励学员动手做PPT等，都是固定的内容输出方式。

第四，在运营方面，主要是多组织线上线下活动，重视构建和维护社群的仪式感、参与感、组织感、归属感。

第五，在复制方面，秋叶社群以学员群为核心创建了很多子社群，比如邓稳的群殴PPT、秦阳的秦友团群、邻三月的Better Me社群等。

如今，秋叶PPT社群已经成了在线教育行业的领头羊，课程销售额突破百万，学员突破15万，经常和各大企业进行合作，成了不缺钱、不缺人、不缺影响力的成功社群。秋叶PPT社群之后的路还很长，在打通职场3~5年的新人渠道后，社群发展还有很大潜力。

## ※ 趁早社区：聚焦女性，围绕内容做社会化营销

"趁早"是潇洒姐王潇创建的女性励志品牌，成立于2013年，名字取自王潇的第一本出版著作《女人明白要趁早》。这个品牌的是目前国内成长最快、规模最大的女性励志社群。

趁早的追随者主要是20~35岁的女性，从2013年到2017年，"趁早"用了4年时间，做到了120个读书会、78个跑团、2个自营品牌和多个自媒体大号，缔结了超过300万读者、50万线上买家、30万线下死忠粉，整个体系触及超过600万人。

创始人王潇是新闻主播出身，2001年，刚刚工作半年的她从央视辞职了。辞职后王潇选择了环境更加开放的外企，但是两年后她再次辞职，转而读研，并在读研期间成立了一家设计顾问公司。

看上去，王潇的生活似乎在不断地"折腾"，其实她是一个有着清晰人生规

划的人。她脚下的每一步，都是为了迈向自己的理想生活。

2008年，王潇的一篇名为《三十岁到来这一天》的文章走红网络，在还没有微博和微信的年代，文章被转载了300余万次。

王潇乘胜追击，完成了《女人明白要趁早》系列书籍。不同于一般的心灵鸡汤，王潇的书里更多的是方法论，用真实的事例和自身的经历，激励女性奋发向上。也因为这套书，王潇成为畅销书作家，集"美女CEO"和"畅销书作家"两个头衔于一身的她，适时创办了电商品牌"趁早"，主推产品是印有计划表格的效率手册。但她明白，单凭个人的人气去支撑"趁早"品牌是不现实的，一个品牌想生存成长，必须有专业的运营团队和机制。那么，王潇具体是怎么做的呢？她的思路非常清晰，注册创办了"趁早网"，并围绕网站进行营销宣传，围绕内容做社会化营销，主打"线上+线下"的玩法。

总体上看，趁早社群的建立主要经历了以下三个阶段，主要是围绕内容和营销展开的：

第一阶段，指的是2014年之前，主要是品牌的建立，王潇的社会化身份较多——前央视女主播、女性畅销书作家，这在趁早品牌前期自然吸引了一些粉丝。趁早从众多粉丝中挑选组建了88个读书会，后来又建立了54个跑团。

第二阶段，趁早开始电商转型，关注内容，做出了自己的产品——趁早女性管理手册。这是一种帮助女性管理日常行为的笔记本。上线不久，就卖出了30多万本。

此外，趁早开始开发产品线的延伸，在2015年8月完成首轮融资后，趁早社群创建了一种运动服装产品线"Shape Your Life（塑造你的生活）"，这条产品线并不仅仅适合健身，在王潇团队看来，这条产品线代表着一种时尚运动的生活方式——既可以是运动装备也可以日常穿着。

在线下，趁早还推出了跑团活动，成立跑团专门基金，用来为参与跑团活动的粉丝发福利。在这一阶段，趁早实现了线上+线下的连通，为社群和品牌的进一步发展储蓄了巨大能量。

第三阶段，尝试社会化营销，推进社群变现。趁早和中信银行合作，推出了联名信用卡，这张信用卡，同时也是趁早的会员卡，将社群运营和消费直接挂钩。

据说，这张信用卡本来是中信银行自己推出的一张女性卡，但一直没做精准营销。所以趁早提出合作想法的时候，双方的合作很顺利。王潇希望这张卡能给趁早的粉丝带来消费体验的一次升级。首先，设置奖励机制，使用趁早产品完成打卡的用户，可以选择获得更高级别的信用额度，或者兑换一定数量的信用卡积分。

从发展过程来看，趁早社群的商业模式很清晰，王潇集品牌创造者和品牌使用者于一身，将自己的价值观倾注在品牌里，围绕不断输出的优质内容，通过社会化营销，让越来越多的人理解和认同了"趁早精神"，将"价值观"做成了一门生意。